真我

佐藤康行

第18巻
新成功哲学

アイジーエー出版

～この本の有効な活用法～

真我《しんが》「光《ひかり》」瞑想《めいそう》

本書をご購入頂いたあなたに、ビックプレゼント！

本書の表紙を使って、あなたが真我を開いていくための
瞑想を簡単に行うことができます。
本書の表紙が見えるように、立てかけてお使いください。

真我「光」瞑想のやり方

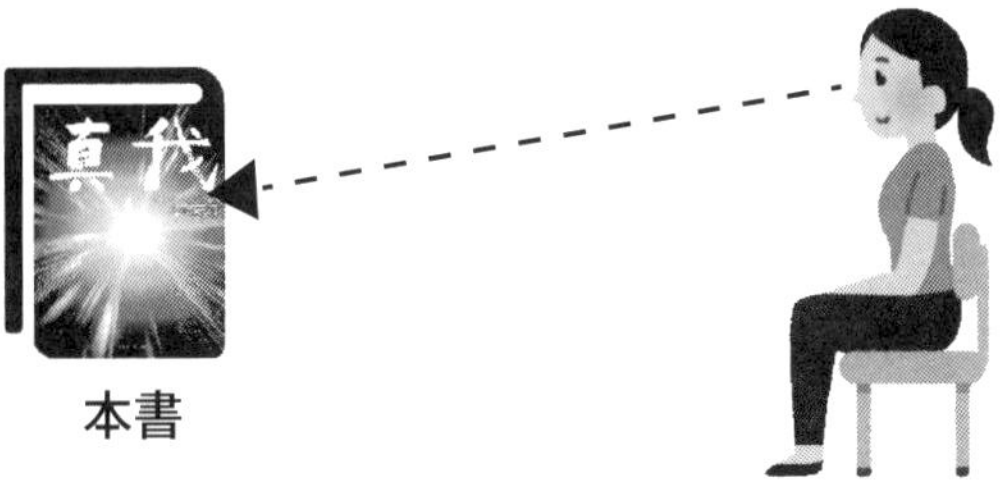

①本書の表紙を見える場所に立てて、なるべく姿勢を正し、体を動かさないようにしましょう。
②表紙の、光の部分に視点を合わせます。
③光の部分を見つめたまま、心の中で「真我《しんが》、真我《しんが》、真我《しんが》……」と繰り返し唱えます。これを３分間続けます。
④次に、目を閉じて表紙の光の部分をイメージしながら３分間、先ほどと同様に心の中で「真我《しんが》、真我《しんが》、真我《しんが》……」と繰り返し唱えます。

まえがき

〝成功哲学の本が書棚にあるうちは成功できない〟

20世紀後半になってアメリカから渡って来た〝成功のための理論〟成功哲学は、すっかり日本にも浸透し、多くの日本人に多大な影響を与えました。

大きな書店では、成功哲学の書物だけで一つのコーナーになっているほど多数の書物が山積され、すっかり一つのジャンルを作り上げています。

「豊かになりたい」「幸せになりたい」「成功したい」と願う多くの人たちが、成功哲学を必死になって学んできました。

しかし、現実を見た時に、こういった成功哲学の理論を学んで本当に成功したという人が、一体どれくらいいると言えるでしょうか。

私は、成功哲学を学んで本当の成功を掴んだ人にあまり会ったことがありません。

当のアメリカには、〝成功哲学の本が書棚にあるうちは成功できない〟という諺すらあると聞きます。

そろそろ私たちは、こういった理論を学んでも人生における真の成功を勝ち取ることはできない、ということに気づかなければならないのです。

そればかりか、私は、そういう学びが真の成功への障害にさえなっていると考えています。

成功できるか否かの要因は、成功哲学を学んだか否かにあるのではなく、実はもっと深いところに隠されているのです。

私たちが真の成功を得るためにはまず、そのことを知らなければならないのです。

世の中には、何をやっても物事がトントン拍子に運ぶ人と運ばない人がいます。

同じように勉強をしても、面白いように吸収して伸びていく人と全然伸びない人がいます。

それどころか、ある人は遊んでいるように見えても上手くいくのに、別のある人は朝から晩まで一生懸命働いても上手くいかないことすらあります。

時間が経てば経つほど、この両者には雲泥の差がついてしまいます。

それが歴然とした事実です。

では、一体何がこの差を生んでいるのでしょうか。

従来の成功哲学では、ここまでは解明できませんでした。

その結果、私たちは「結局は、あの人は運が良かったから成功したんだ」「あの人は運が悪かったから成功できなかったんだ」と言って済ませるしかなかったのです。

しかし、本当は「運が良かった、悪かった」と片付けてしまうのは大変無責任なことなのです。

「運が良かった、悪かった」と言ってしまうということは、その仕組みがよくわからないということです。

松下幸之助さんは、自分の側近には、頭がいいとか学歴があるということではなく、なるべく運の強い人を置いたといいます。

そして、「自分が成功した理由すらほとんどわからない」というのです。

「80％は運で、後の20％はいろんな要因があるとは思うが、しかし、それさえも考えてみれば運かもしれない」というようなことをおっしゃっていました。

では、その運が良いとか悪いというのは、一体何なのでしょうか？

そのことを解明しない限り、いくら成功哲学を学んでも、私たちは確実に成功することはできないのです。

私は、今まで解明されてこなかった運までをも良くしてしまう方法を約三十年前に発見しました。

それ以来、多くの人たちとの関わりの中で、確実に実証を積み上げてきました。

そして、理論的にもはっきりとした確証を持つに至りました。

この本では、遺伝子レベルに働きかけることによって、人の運命を根本的に好転させる方法について、様々な角度から解説していきます。

その手法が「DNA成功哲学」です。

「DNA成功哲学」を実践すると、誰もが百パーセント、物心ともに豊かな真の成功者になれます。

そして、「DNA成功哲学」を実践すると、起きる現象が従来とは大きく異なってきます。

あらゆる価値観も変わってきます。

この本は、みなさんが真の成功者に転換するためのガイドでもあるのです。

目　次

第5章　DNA成功哲学の成功者モデル

第6章　DNA成功哲学の特徴

第1章

なぜ成功哲学を学んでも成功できないのか

成功哲学は〝願望教〟という宗教だ

従来の成功哲学の出発点は、〝強い願望を持つこと〟にありました。

〝強い願望を持ち続ければ、必ずあなたの夢は叶うのだ〟と言われてきました。

では果たして、本当に強い願望を持てば夢は叶ってきたのでしょうか？

ハーバード大学の調査によると、本当に自分の思い通りの人生を送れた人は、わずかに3％しかいなかったということです。

さらに、億万長者を成功者とすると、何万人に一人になってしまいます。

従来の成功哲学の価値観からいくと、成功者になれる確率は極めて低いのです。

ですから最初から諦めて願望を持つことをやめてしまうか、諦めずに願望を持ち続けてそれを達成するまで我慢するか、どちらかになってしまうのです。

諦めずに頑張っても、結果的に本当に願いが叶ったという人はこのようにごく一握りですから、後の人たちはみな敗残者になってしまうのです。

〝強い願望を持つことが成功者になる条件だ〟と教えられたら、私たちはどんな夢や目標を持つでしょうか？

〝願望を持ち続ければ、必ずあなたの夢は叶う〟と洗脳された時、本当は自分は野生馬なのに、サラブレッドになる目標を持ってしまう可能性があるのです。

野生馬は絶対、野生馬にしかなりません。

ところが、みんなから賞賛される華やかなサラブレッドの姿に憧れて、「私もああなりたい…」という願望を持ってしまうのです。

動物はそういう間違いは犯しませんが、人間はこの間違いを犯してしまうのです。

経営者に全く向いていない人が、経営者になったら成功じゃないかと思って会社を興す願望を持ってしまいます。

そして、頑張って頑張って独立して経営者になったとしても、ストレスが溜まりガンで早く死んでしまったら元も子もありません。

仕事は何とかやっているけれど、家庭は崩壊寸前という人も大勢います。

実に多くの人が、〝願望教〟に洗脳されたために、本来の自分の姿を見失ってしまい、いつまで経っても成功者になれないでいるのです。

成功哲学を学んでも成功できない最も大きな原因は、ここにあるのです。

願望を持つとエゴの強い人間になるだけだ

従来の成功哲学のように、「願望を持ちましょう！」と言われ、みんなが強い願望を持ったら、一体この社会はどうなっていくでしょうか。

歴史上、ヒットラーやスターリンのような独裁者たちは世界を狂わすような途方もない願望を持っていましたし、公害を引き起こした企業も、自分たちの利益を追求するという大きな願望を持っていました。また、泥棒も願望を持っているでしょうし、世間を騒がせた詐欺教団の教祖も願望を持っていたことでしょう。

願望が世の中を混乱させ、地球環境を破壊しているのです。

願望と言うと、ほとんどが自分にとって都合の良い我欲になってしまいます。

そういった自己中心の願望を強く持つと、それが元でいざこざが起きます。

夫婦や親子にしても、相手に対して「女房はこうあるべきだ」とか、「子どもには良い大学に入って欲しい」などという願望を強く持つと、その願望が元で身動きが取れなくなってしまいます。

それが離婚の原因になってしまったり、子どものうつ病に結びついたりします。

自己中心的な願望を持たれると、人は金縛りのように動けなくなってしまうことがあるのです。

仮に、相手が思う願望に素直に合わせていったら、ロボットのようになってしまいます。

社員が「社長はこうあるべきだ」という強い願望を持っていたら、社長の方針に従えなくなります。

そうすると、その会社にはいられなくなります。

また、社長が「社員はこうであるべきだ」という願望を持ち過ぎると、社員からの独創的な新しいアイデアや知恵や個性を活かしきることができなくなります。

願望を持つことが必ずしも悪いと言っているのではありません。

しかし、願望を持てと言われたら、どうしても自己中心的な願望になってしまうのが現実なのです。

そのことによって、まわりとの不調和を生んでしまうのです。

そして、本来の自分の使命を見失ってしまう可能性が高いのです。

あなたの思考はどこから湧いてくるのか？

従来の成功哲学では、一貫して「思考が現実化する」と言っています。さらに、思考の力で望むものを手に入れる方法として、「引き寄せの法則」という言葉もよく耳にします。

しかし、思考と言っても、それがどこから出てくる思考なのか、その出所が問題なのです。

大きなトラウマを背負っていたり、人に悪意を持っていたらどうでしょうか？

自分だけが良ければいいという自己中心的な思考しか浮かんで来なかったら、どうでしょうか？

もし、そんな思考が現実化したとしたら、それが本当に成功と言えるのでしょうか？

確かに、そういう思考が現実化するのも事実です。

しかし、仮にそれが現実化したとしても、今度はまわりの人たちから強烈な反発を浴びることになるでしょう。

なぜなら、自分一人の思考だけではなく、まわりの人たちの思考も同時に存在するからです。

エゴ的な思考を持った時には、他の人とぶつかり合うことになってしまいます。

例えば遺産相続で、一億円の財産を五人で分けることになったとします。

それをそのうちの一人が五千万円相続しようと思ったとしたら、何が起きるでしょうか。

他の人たちも同様に、できる限り多く相続しようと思ってもおかしくありません。

その結果は、身内の大喧嘩に発展することでしょう。

そして、思考の強い人が、他の人を蹴落としてまでも、自分だけが少しでも多く得ようとするでしょう。

その先は、骨肉の争い、奪い合いの世界が待っているのです。

自己中心的な思考を強く持っていたら、「思考が現実化」して、いつもケンカが絶えなくなるのです。

これが国という単位になると、戦争に発展してしまいます。

成功するためにあらゆる努力を重ねたにもかかわらず成功できないでいるのは、湧いてくる思考自体を変えようとしてこなかったからなのです。

アファメーションでは長続きしない

従来の成功哲学では、必ずアファメーションを習慣づけています。

アファメーションとは、「必ず私にはできる！」とか「やるぞ、やるぞ！」というように自分に繰り返し言って聞かせ、自らの潜在意識にそれを植え込むことです。

私も、そういうことを散々やった時期はありました。

アファメーションにも、ある程度の効果があるのは事実です。

しかし、アファメーションをすることによって根本的に変われた人を、私は今までただ一人も見たことがありません。

毎朝毎晩アファメーションをしても、部屋中の壁に言葉を貼っておいても、変わるのはほんの一瞬に過ぎないのです。

長年生きてきた経験の中で「自分には無理だ」と思っている人に、「できる、できる！」と何度頭に言い聞かせてみても、それではできるわけがないのです。

従来の成功哲学では、アファメーションによってみんな成功していると言っていますが、それは成功した人を調べたからです。

成功した人たちの表面を見ているのに過ぎないのであって、その人がどういう生い立ちで、どういう生き方で、先天的にどういう性格の持主かということは、それほど調べていないのです。

形だけを見ているのです。

ごくごくわずかの大成功者だけを調べた結果なのです。

そういうごく一部の人だけの共通点であって、一般の人には全然、通用しません。

こんな方法を勉強したら、普通の人は却ってダメになってしまいます。

なぜならば、アファメーションとは自己暗示だからです。

「暗示」という字の如く、アファメーションには実体がないのです。

「暗示」というのは、催眠術と同じなのです。

自分の心に嘘をついているのと同じです。

無理矢理枠にはめてしまうことですから、本物ではないのです。

自己暗示によってダイヤのイミテーションはできても、本物のダイヤモンドに変えることはできないのです。

目標と手段が入れ替わってしまうから成功できない

私がある経営者に、「最終的には何をやりたいのですか?」と質問をすると、こんな答えが返ってきました。

「私は将来、子どもたちに良い教育を受けさせてあげるために学校を作りたいんですそのためには資金がどうしても必要なので、今はこの事業で資金作りをしているんです」

従来の経営者たちには、こういう発想の人が実に多かったように思います。

一見、素晴しい考えのように見えますし、世間からも立派な経営者だと思われるでしょう。

しかし、この考え方は本当は矛盾しているのです。

なぜならば、目的のために手段を選んでいないからです。

学校を作るために今は違う事業でお金を稼ぐというのは、平和のために戦争をやるのと全く発想は変わりません。

良いことをやるために手段を選ばない、という人が実に多いのです。

そういう人は、結局は最初から最後までその手段の方で終わってしまうのです。

そういう立派な目的を掲げ、そのために別の事業をやっている人で、最終的に本来の目的を達成した人を私は見たことがありません。

実に多くの人が、本来の目的の方を置き去りにして、それを達成するための手段に一生追いかけられてしまっているのです。

いい家を建てるのは、家族が幸せに暮らすために他なりません。

ところが、家のローンを返済するために仕事だけに奔走して、家庭が崩壊してしまうという過ちを犯してきたのです。

本末転倒なのです。

一家が幸せになることが目的であって、いい家を建てることはその手段に過ぎなのです。

先の経営者の例も同じです。

目的と手段とをいつの間にか入れ替えてしまうところに、従来の成功哲学の大きな欠陥があるのです。

第2章

二十一世紀になぜＤＮＡ成功哲学が必要か

まずは心の仕組を知ることから始めよう

この世のあらゆる事柄は、原因と結果の法則によって成り立っています。

どんな些細な出来事も、原因のない結果はありません。

ただ私たちがわからないから、運の良し悪しで片付けているだけなのです。

本当は、起こること全てに原因があるのです。

ということは、その原因を突き止められれば、結果を変えることも可能なのです。

では、その原因は一体何なのでしょうか？

それは、私たちの心の状態なのです。

心の状態が、思考になり、言葉になり、表情になり、行動になり、そして現実を創り出していくのです。

その積み重ねが、運命となって跳ね返ってくるのです。

では、その心は一体どこからくるのでしょうか？

例えば、注意をされた時に、「冗談じゃない！」と言って怒る人もいれば、逆にありがたいと感じてお礼を言う人もいます。

同じ言葉をかけられても、人によって受け止め方が違うのです。

また、試練に直面した時に、すっかり落ち込んで立ち直れなくなる人もいますし、むしろそのことを栄養にして一層たくましくなっていく人もいます。

つまり、インプットされる内容よりも、自分がどう受け止めるかという心の状態の方が大事なのです。

従来の成功哲学では、「プラス思考になりなさい」と教えています。

しかし、物事をどう受け止めるかは心の問題であって、頭で学ぶ問題ではないのです。

心と頭とは全然違うものなのです。

私たちは、人間の心の仕組をまだよく理解していないのです。

理解していないから、心のことを頭で学ぼうとしてしまうのです。

真の成功者になるためには、どうしても心の仕組を知らなければならないのです。

そこで、これから人間の心の構造について解説をしていきましょう。

人間の心の源泉を知れ

人間の思考には、プラスとマイナスがあります。

プラスというのは、明るく、前向きに、積極的に、夢を持って、プラス思考で、愛と感謝の気持ちで、素直な心で、勇気を持って…という思考です。

逆にマイナスというのは、暗く、後ろ向きに、人を恨んで、憎んで、頑固で、傲慢《ごう》で、偏屈で、マイナス思考で…という思考です。

「どちらが良い人生を送れるか」と聞いたら、絶対、間違う人はいません。

たとえ刑務所で聞いたとしても、間違える人はいないと思います。

ところが、頭ではわかっているのに、実際にはそのようにいかないものです。

なぜならば、頭でプラスが良いと思っていても、そうではない心がどこかから湧いて出て来るからです。

では一体、その心はどこから湧いてくるのでしょうか?

よく人は、「私の考えはこういう考えです」と言います。

しかし、「その考えは誰から聞いたの？」と聞いていくと、必ず誰かの名前が挙がってきます。

人は必ず、人の影響を受けているのです。

人の考えを聞いて、いつの間にか自分の考えだと錯覚をしてしまうのです。

それは全然、自分の考えとは言えません。

また別の環境で育っていたら、全く違う考え方になっているかもしれません。

あなたが、全く違った両親のもとで育ち、全く違った教育を受けて成長したとしたら、今のような考え方をしているでしょうか。

あなたが北朝鮮で生まれ育ったとしたら、今のような考え方をしているでしょうか。

きっと全く違った考え方、価値観を持っているに違いありません。

人から聞いたり教わったり、本を読んでインプットした考えは、本当の自分ではないのです。

そうではなくて、元もとある自分というものがあるのです。

人間は記憶でできている！

さてここで、「人間は何でできているのか？」ということについて考えてみてください。

粘土でできた人形が壊れた時には粘土で修復しますし、鉄でできた人形は鉄で修復します。

全て同じ素材で修復します。

もし「人間は何でできているのか？」ということがわかれば、私たちを変えることが可能になるのです。

では一体、人間は何でできているのでしょうか？

「人間はほとんどが水分とたんぱく質でできている」「人間は細胞でできている」「人間は素粒子でできている」「人間は遺伝子でできている」…。

いろんな意見があるかもしれませんが、いずれも物理的な発想に過ぎません。

実は私は、「人間は記憶でできている」と捉えています。

記憶でできていると捉えた時に、さまざまなものが見えてくるのです。

そして、記憶でできていると捉えれば、人間を変えることが可能になるのです。

記憶というのは過去のものです。

私は昔、講演などに呼ばれると、常々こんなふうに言っていました。

「人生には、変えられることと変えられないことがあります。変えられないことは、自分の過去と他人です。変えられるのは、自分の心構えと自分の未来です。だから、同じ努力をするなら、変えられることをやりましょう！」

ところが、より追求していくと、そうではないということに気がついたのです。

「過去は変えられない」のではなく、「過去は変えることができる」のです。

そして、過去を変えれば、未来も自動的に変わるのです。

逆に言えば、未来は過去を変えない限り変えられないのです。

もちろん私たちは、過ぎ去った過去の事実を変えることはできません。

しかし、過去の記憶を変えることはできるのです。

さまざまな記憶によって形成された自分の性格、心の状態、価値観を変えることはできるのです。

記憶には三種類の記憶がある

では、記憶についてより詳しく説明したいと思います。

一口に記憶と言っても、記憶には三種類あります。

一つ目は頭の記憶、大脳にインプットされた記憶です。

知識、情報、観念、哲学、考え方などは全部頭の記憶です。

二つ目は細胞の記憶、遺伝子の記憶です。

遺伝子は記憶そのものとも言えます。

我々が生まれる時には既に、先祖の記憶を持っています。

祖父母に顔や性格や持病まで似ているのは、遺伝子を引き継いでいる証拠です。

言うならば、父母からバトンを受け継いで走っていく〝駅伝スタイル〟です。

みんなが横一線でスタートするフルマラソンではありません。

そしてさらには、家庭環境や学校教育、付き合うまわりの人たちによって、さまざまな価値観が構築されます。

今までの人生で体験してきたこと、辛かったこと、嬉しかったこと、感謝したこと、騙《だま》されたこと、それらが全て細胞の記憶となり、自分が物事を判断する時のバックグラウンドになっているのです。

料理がパッと出て来た時に、「美味しそう…」とどうしてわかるかというと、それは過去に似たようなものを食べた記憶が残っているからです。

過去の記憶が瞬間に甦ってくるのです。

なぜ、営業マンが客を見た第一印象で、「これはいける！」とか「これはダメだ！」と瞬間的に思うかと言うと、それも過去の記憶があるからです。

初めて会う客であって、今まで会ったどの客とも違うのに、細胞に染みついたデータが瞬間に甦って、「いける」とか「ダメだ」と勝手に判断をしてしまうのです。

「ダメだ」と思ったら、そこで諦めてしまいます。

女性が子どもの頃に父親から暴力を受けたりすると、一生、男性恐怖症になってしまい、結婚してもすぐに離婚してしまう人が多いのです。

目の前にいる男性は優しい人だと頭ではわかっていても、細胞にインプットされている恐怖の記憶が、いざという時に甦ってくるからです。

〝いい教え〟を学べば学ぶほど悩みは深くなる

このように、細胞の記憶が人生に多大な影響を与えているのです。

細胞の記憶こそが人生を決定付けている、と言っても過言ではありません。

この細胞の記憶のことを、私は「遺伝子の記憶」と呼んでいます。

心理学で言うトラウマも、細胞の記憶の一部です。

この遺伝子の記憶を変えなければ、ほとんど人間は変わらないのです。

しかし、従来の成功哲学では、遺伝子の記憶までをも変えることはできません。

宗教は本来、この部分を変える役割でした。

ところが、いつのまにか宗教も〝教え〟に成り下がってしまいました。

信者たちは、〝いい教え〟を聞くのがありがたいような気になっています。

しかし、実は、〝いい教え〟を聞けば聞くほど、本当は大変危険なのです。

いい教えですから、誰も問題だとは思わないのですが、そこに大きな落とし穴があるのです。

なぜかと言うと、〝いい教え〟を教われば教わるほど頭の記憶がプラスになり、遺伝子の記憶に溜まったマイナスとのギャップが大きくなるからです。

そうすると、自己矛盾が起きてきます。

「プラス思考で、愛と感謝の心を持って…」と散々勉強しているにもかかわらず、現実には実行できていない自分を知っていますから、「私はどうしてダメなんだろう…？」と自分を責めてしまうのです。

学べば学ぶほど、自己嫌悪にかかってしまいます。

二つの自分の声が聞こえてきて、悩みがますます深くなります。理想と現実とのギャップに悩まされるのです。

そうなると、ますますその団体から抜けられなくなります。

実は、それを宗教団体はうまく利用しているのです。

しかし、それは、本来の宗教の仕事ではありません。

本来は、一人一人が自立していかなければならないものです。

そして、日常の生活に活かせなければ何も意味がないのです。

遺伝子の記憶を変えるのは真我の記憶しかない

いくら頭脳にプラス思考や〝いい教え〟をたくさんインプットしても、遺伝子の記憶を変えることはできないのです。

ですから、どうしても遺伝子の記憶を何とかしなければならないのです。

では、遺伝子の記憶を変えるには、一体どうしたらいいのでしょうか？

遺伝子の記憶を変えるには、遺伝子の記憶よりももっと深層に眠る真我（本当の自分）の記憶を思い出す以外にはないのです。

この真我の記憶こそが、三つ目の記憶なのです。

真我とは、自分の中にある愛そのもの、完全なる宇宙意識なのです。

その完全なる真我の記憶を思い出すことにより、ちょうど暗闇に光を当てると暗闇がパッと消えてなくなるように、遺伝子の記憶の暗闇は一瞬にして光に変わるのです。

真我の記憶を思い出した時、そこから湧き出てくる心というのは、頭の記憶や遺伝子の記憶とは全く異なるものなのです。

より具体的に言えば、真我の記憶とはこういうことです。

例えば、私たちの肉体のうち、自分の意思で動かせるのはどの部分でしょうか。

手や足、目や口はある程度は動かせます。

しかし、心臓や肺や肝臓を動かしているのは誰でしょうか…？

食べ物を自分の口にまで入れるのは自分の意思ですが、喉を通ってしまったら後の消化吸収は誰がしているのでしょうか？

そのように考えると、自分の意思で動かしているのはほんのわずかしかないのです。

さらにもっと深く考ると、例えばあなたがこの本を買って読んでいることすらも、本当は自分の意思と言えないかもしれません。

この本に興味を持つに至るには、何らかの背景があるはずです。

そのように深く追求していくと、恐らくほとんどのことは自分一人の意思ではないと気づくはずです。

その自分の意思を超えた大宇宙の意思こそが、真我の記憶なのです。

真我の記憶を呼び覚ました時、初めて真の成功への扉が開くのです。

これこそが遺伝子レベルに変革を起こす究極の方法、ＤＮＡ成功哲学なのです。

第3章
DNA成功哲学への大転換

DNA成功哲学は願望を捨てた時から始まる

DNA成功哲学は、むしろ一回、願望を捨てるところから始まるのです。

決して、永遠に捨てなさいと言っているのではありません。

真我に目覚めてから持つ願望ならば、問題ないのです。

しかし、エゴから来た願望は捨てなければいけないのです。

本当の自分に目覚めた願望と、エゴ的な願望とは全く違うのです。

例えば、地球環境が良くなる願望や、自然の法則に沿うような願望、本当の自分に目覚める願望や、まわりの人たちを幸せにできる自分になる願望を持つというのは、同じ願望でも願望の質が違います。

そういうレベルの願望になっていけばいいのです。

ビジネスで言えば、ただ儲けるとかお店をたくさん増やすという願望ではなく、健康や幸せ、喜びを多くの人に与える願望を持つということはいいことなのです。

しかし、実際には自己中心的な欲望を追いかけている人に、「人に喜ばれる願望に切り換えなさい」と言っても無理なのです。

やはり、自分の欲望の願望がどうしても優先になってしまいます。

ですから、どうしても一度全ての願望をはずさないといけないのです。

そして、真我から湧きあがる願望にスイッチを替えていくのです。

どういう願望を持つか以前に、自分自身の価値観を変えなければいけないのです。

本当の自分に目覚めてから、願望を持つのです。

臨死体験をしたような人は、あの世に行く時にはお金も土地も財産も何も持っていけないということを体験しますから、その時初めて、願望の質が変わるのです。

人間というのは、いつ死ぬかわかりません。

持って行けないもののために頑張っていても、ちょうど砂上の楼閣を築いているようなもので、全く本質的なものを追っていないのです。

今持っている願望こそが最もあなたを真の成功から遠ざけている、と言っても過言ではないのです。

願望を持っている限り、あなたの本質も真の成功の姿も見えません。

願望を完全に手放した時から、あなたの真の成功は始まるのです。

目標を追いかけるという発想から卒業せよ！

目標を立てて、その目標を実現するというのが従来の成功哲学でした。

しかし、問題は、その目標を何を基準にして立てているかなのです。

私たちはさまざまな情報を仕入れて、何が欲しいとか、どうなりたいという願望を持って、それを目標にするのがほとんどです。

では、願望から立てる目標はなぜ良くないのでしょうか。

それは、願望というのはほとんどが自分の欲から来るからです。

他人が成功したのを見て、あのようになりたい、このようになりたいと思い、そこから願望が出てくる場合がほとんどなのです。

しかし、他人を見て、あのようになりたい、このようになりたいと言ってみても、その他人と自分とは全く違う存在なのです。

自分は、世界にたった一人しかいない、全くユニークな存在なのです。

チューリップがバラの花を目標にしたら、どうなるでしょうか？

花は決して間違いませんが、人間はそういう間違いを犯してしまいます。

慣れないことを目標にした瞬間から、悩みが始まり、苦しみが待ち受けています。

社長に全く向いていない人が、社長になるのを目標にしたら、どうなるでしょうか？

もし間違って社長になってしまったら、会社はたちまちおかしくなり、本人もストレスで病気になって早く死んでしまうかもしれません。

そのような人が、世の中にはたくさんいるのです。

自分で勝手に立てた願望ではなく、「自分はこのために生まれてきたんだ」という自分本来の使命を知り、その使命に沿って生きることがＤＮＡ成功哲学なのです。

自分自身を知り、最大限に自分らしく生き、自らも喜びに満ち溢れ、まわりの人たちからも喜ばれる。そういう生き方こそが、ＤＮＡ成功哲学のあり方なのです。

目標を達成するだけが喜びではなく、目標に向かう過程そのものも、既に目標を達成しているのです。

本当の自分で生きていること自体が、実は成功なのです。

私たちはそろそろ、目標を追いかけるという発想から卒業する時が来ているのです。

お金を追いかけるのではなく、お金は後からついてくる

従来の成功哲学では、目標を未来に設定していました。

そして、自分で立てた目標を達成するまでは、さまざまな苦しみや困難を乗り越えていかなければなりませんでした。

また、目標を達成するためには、時には自分を抑え、時には自分に合わないことをしなければなりませんでした。

さらに、目標を達成するためには、時には手段を選びませんでした。

その目標を達成することこそが、目的だったからです。

それに対して、ＤＮＡ成功哲学は、真我を開いて、最も自分らしく生きることが目標なのです。

本当の自分で生きていること、そのものが既に目標を達成しているのです。

生きている過程全てが、目的を達成しているのです。

時間を超越した世界なのです。

また、従来の成功哲学では、お金を得ることや出世することを目標とし、それを追いかけてきました。

しかし、ＤＮＡ成功哲学では、本当の自分を出すのが目標であり、その目標を達成した結果、後からいろんなものがついてくるのです。

自分本来の使命がわかれば、最高に生きがいをもってやり切ることができます。使命を果たすために、天賦《ぷ》の才能が与えられています。

天賦の才能を掘り起こせば、自分でも驚くほどの力を発揮することができます。ですから、この上ない喜びと誇りをもって仕事に当たることができるのです。

また真我は愛そのものですから、どんな人とも愛と喜びをもって接することができます。

仕事に誇りを持つことができ、尚且つ、人に対して愛と思いやりの気持ちで接することができれば、仕事でも結果が出ないはずはありません。

ですから、お金も地位も後から自然とついてくるのです。

従来の成功哲学ではお金の目標を追うのに対して、ＤＮＡ成功哲学ではいつでも目標は達成されており、お金は後からついてくるのです。

お金が欲しいのは愛が欲しいからだ

さて、私たちはなぜ、お金が欲しいのでしょうか？

それは、お金があったら、自由にどこにでも行けるし、何でも食べられるし、何でも好きなものを買えるからです。

ということは、裏を返せば、この世にあるものが全部、自分の手に入ったら、お金そのものがいらないということになります。

つまり、お金が欲しいというのは、自由が欲しいということなのです。

お金イコール自由と言ってもいいのです。

では、なぜ、私たちは自由が欲しいのでしょうか？

私たちの脳裏には、欲しいものや望んでいることが次々と浮かんできます。

その浮かんでくる欲望を実現するために自由が欲しいのです。

では、なぜ、私たちには欲望が浮かんでくるのでしょうか？

それは、自分を守ろうとする心、自分を愛する心があるからです。

このように突き詰めて考えていくと、結局はお金も自由も欲望も全て手段だということになります。

手段でないのは唯一、愛だけなのです。

では、愛は手段でなければ何なのかと言うと、それは一言で言うと〝存在〟ということです。

実は突き詰めていくと、この世にある全てのものは愛そのものでできているのです。

「全てが愛である」と気づくことが、本来の一番の目的なのです。

そのことに目覚めたら、そこにはもう手段はなく、全てが目的になります。

存在、命そのもの、それが私たちがこの地球に誕生した原点なのです。

なぜ、人類が誕生してこうやって生きているのか？

地球上にいる何十万種類の生物は、一体何のために存在しているのか？

実は、何のためというのはないのです。

存在していること自体が、既に目的を達しているのです。

ですから、私たちは本当の自分を自覚して、それを体現していくことが、既に目的を達しているということなのです。

お金は心という川を流れる木の葉に過ぎない

「お金が欲しいのは愛が欲しいからだ」と気づけば、お金は愛を流通させるための道具に過ぎないという認識に変わります。

ところが、その愛を実現するための道具のはずが、知らない内にお金だけが一人歩きをして目的になってしまっているのです。

なぜお金が欲しいのか、という原点を忘れてしまっているのです。

もう一回、原点に戻ることが大事なのです。

ビジネスで言えば、数字は全部、愛の結晶です。

お客様を愛して、愛の行動をした結果が、売上として現われるのです。

また、会社を愛して無駄をなくしていこうとした結果、経費の削減や利益率の向上につながるのです。

全ての数字は愛の結晶なのです。

お金には、きれいも汚いもないのです。

お金は道具に過ぎないのです。

お金は、心という川に流れている木の葉のようなものに過ぎません。

木の葉は問題ではないのです。

その川を流れる木の葉そのものには、良いも悪いもないのです。

川とは、心のあり方のことです。

その川がどちらの方に流れているか、流れそのものが問題なのです。

木の葉一つ一つは、泥沼の方に流れている木の葉も、澄んだ大海の方に流れている木の葉も、同じ木の葉なのです。

ＤＮＡ成功哲学に転換するためには、お金は単なる道具に過ぎないと認識することが必要なのです。

プラス思考ではない！プラスそのものになるのだ！

今までは、プラス思考をすることが成功の条件と思われてきました。

しかし、DNA成功哲学には、プラス思考という考え方がありません。

実のところ、プラス思考は、自分の心に嘘をついているのと同じなのです。

いくらプラス思考をしても、私たちの心がマイナスだと、心の奥ではマイナスに受け止めてしまうからです。

しかし、DNA成功哲学を実践すると、心がプラスそのものになりますから、どんなことがあっても、全てをプラスに受け止めることができるのです。

全てのことを、喜びと感謝で受け止められるようになるのです。

ですから、わざわざプラス思考などする必要がなくなるのです。

では、どうしたら私たちが全てをプラスとして受け止められるかと言うと、それは自分自身が真我の愛そのものになること以外に方法はありません。

真我の愛そのものになれば、その瞬間から、全ての出来事をプラスに受け止められるようになります。

森羅万象全てのものを、自分の味方にできるのです。

これがまさしく、ＤＮＡ成功哲学なのです。

「プラスとして捉えるようになった」というのは、まだプラス思考です。

プラスとして捉えられればいいと思うかもしれませんが、そうではないのです。

それではまだ自分に嘘をついているから、知らずにストレスが溜まるのです。

プラスしかない、プラスそのものなのです。

真実に目を向けると、プラスしかないのです。

例えば、人に叱られた時に、「あっ、これもプラスに捉えよう！」とスイッチを替えるのはプラス思考です。

しかし、真我の心でいくと、叱っている相手の心の奥が見え、叱られている瞬間から愛として受け止めることができるのです。

叱られていること自体が、プラスにしか思えないのです。

仮に相手が本当に悪意を持っていたとしても、その人の心のさらに奥にある真我を見ると、自分を鍛えてくれている人だと感謝することができるのです。

建設のために破壊が必要な場合がある

新たな人生を建設するためには、一時的に破壊が必要な場合もあるのです。

例えば、今まで会社に縛られていた人が、会社が倒産することによって、本当の自分の役割に向かえるということがあるのです。

リストラに遭うことによって、本当に自分のやるべき仕事が見つかったということもあります。

経営者になるべきでない人が経営者になってしまったら、その人はストレスで病気になってしまうかもしれませんし、会社を倒産させてしまうかもしれません。

しかし、その結果、本当の自分の使命を考え直し、その方向に向かうということがあるのです。

そうなれば、それは失敗ではなく、再生のチャンスになるのです。

また、意識が変われば、今まで価値があると思っていたものがそうではなくなりますから、長年守ってきたものが壊れてもおかしくはありません。

しかし、それでいいのです。

時にはそういった破壊も、成功への第一歩になると知ることです。

ここが、従来の成功哲学とは違うところです。

人間関係も同じです。

自分の意識が変われば、出会う人も変わってきます。

類は友を呼ぶで、自分と同じような意識次元の人たちと付き合うようになりますから、その時に、今までの人間関係が消滅することもあるのです。

しかし、そのことによって動揺する必要はありません。

離れて行く人は、離れて行っていいのです。

これから新しく出会う人たちと付き合えばいいのです。

真我に目覚め、意識の次元が変わる時には、ちょうどサナギが脱皮して蝶になるように、今までのものが破壊されることがあるのです。

その時に、手放さずに大切に持っていると、なかなか次の段階に行けません。

ですから、今まで持っていたものを、思い切って手放さなければならないのです。

私自身が体験した転換期の苦悩

実は私自身が、従来の成功哲学的な価値観を捨て、「これからは百パーセント真我で生きよう！」と決めてからの数年間は、ものすごい苦悩と葛藤の日々だったのです。

私は二十代の若さでレストランを持ち、その後チェーン展開をし、十数年で首都圏に五十店舗以上のお店を持つまでに事業を拡大させてきました。

その意味では、従来の成功哲学を実践し、まさに順調に実績も上げてきたわけです。

ところがある時期に、「私の使命はできるだけ多くの人に真我のことを伝えることであり、多くの人の真我を引き出してあげることだ」と気づいたのです。

そして、「それに全精力を費やすべきだ」と気づいたのです。

そうしたら、それからというもの、事業に対する意欲が見る見るなくなってきたのです。経営者が意欲がなくなると、業績に直接響いてきます。

資金繰りが厳しくなり、返済の交渉をして歩いていた時期がありました。

その時は、正直言って、ものすごく惨めでした。

「あれほど雑誌やテレビで天才経営者としてもてはやされ、一世を風靡《び》したのに…」
という気持ちが、どうしてもぬぐい切れませんでした。
でも、自分ではわかっているのです。
次なる自分の使命があるから、これは通らなければならない道だということは、頭
では十分にわかっていました。
しかしそれでも、実際に若い銀行マンから冷たくあしらわれたりすると、さすがに
やり切れない気持ちになりました。
道を歩いていたら、私の講座を受講した若手の国会議員のポスターが貼ってあるの
です。苦しくて私の所に相談に来た男が、今では堂々とポスターで貼り出されている
のです。
こちらが惨めな状態の時だっただけに、正直言って、「人生って何だろう…」と
思ってしまいました。
その時、私の本当の真意を理解している人など、誰一人としていませんでした。
たったの一人もいませんでした。
会社の幹部たちにも散々話はしましたが、結局、誰一人として理解してくれた人は

いませんでした。

私が本当の使命を果たすためには、この会社の経営に携わるわけにはいかないから、このような動きになっていると見ることのできる人は、たったの一人もいなかったのです。

逆に、「そんな大きな使命が与えられるほど能力があるのなら、この会社をもっと発展させられるはずだ」と、そういうふうに思う人はいました。

「そうじゃないんだ。私に与えられた使命と能力は、会社を発展させるために使うものではないんだ」と私が何度言っても、わかってもらえませんでした。

わからない人には、わからないのです。

従来の成功哲学的な発想で言っている人には、簡単にはわからないのです。

何回か話してみましたが、「これは誰に言っても無駄だな」と思って、自ら黙って去ることにしたのです。

これが私の本音なのです。

しかし今思うと、そういうことも、次なるステージに上がるための通過点に過ぎなかったのです。

私が腹をくくってからは、案外スムーズに事が運びました。

やがて会社を引き継いでくれる立派な経営者が現われ、その方のお陰もあり、私は現在のような仕事に専念することができるようになったのです。

このように、私自身も、価値観を百八十度転換した時には、しばらく苦悩の日々が続いたのです。

ですから、従来の成功哲学からＤＮＡ成功哲学に転換する移行期には、少々の摩擦や苦労もあると心得ておいた方がいいかもしれません。

第4章

二十世紀の成功哲学から二十一世紀の成功哲学へ

―現役インストラクターとの座談会―

〈座談会出席者〉

佐藤康行

大磯仁志氏（研修会社コンサルタント）

柳沢明美氏（セミナー会社マネジャー）

牧村勝俊氏（研修会社チーフインストラクター）

真我の開発ができればすべての問題は一挙に解決する

牧村　私は仕事柄、潜在意識の勉強をよくするのですが、真我（本当の自分）というのは、潜在意識と捉えていいのですか？

佐藤　広い意味で言えば、真我も潜在意識です。ただ、私が今やっている真我の開発と、世間で言っている潜在意識の開発とは全く違います。世間で言う潜在意識の開発というのは、まず自分の願望があって、その願望を実現するために自分の潜在意識を利用するということです。しかし、その願望というのは架空のものに過ぎません。そして、願望を持つ時に、本当の自分自身を深くは見ていません。

それに対して真我を開発するということは、一度、自分の願望を全部外さないといけないのです。今までの願望を全て外して、本当の自分を見つけることがまず最初なのです。そして、本当の自分を見つけることによって価値観が変わってしまえば、今までこうなりたいと思っていた願望が意味がなくなるかもしれないんです。価値観が変われば、今まで追い求めていたものとは違うものを追い求める可能性がありますよね。

もう一つの違いは、従来の潜在意識開発法では、何か一つの目的を実現することにこだわっていたということです。例えば、お金を人より多く稼ぐということにこだわったりします。しかし、お金を多く稼ぐことだけにこだわると、限られたパイの奪い合いになってしまいます。親が財産を残して亡くなった時に、親の遺産を少しでも多く取れば成功だと勘違いして、兄弟同士で争ってしまうことさえあります。たくさん取ったら成功だと思ってしまえば、闘いの世界になります。

実際に、私の所に相談に来た人の中に、遺産相続問題が何年も解決しないで苦労していた人がいました。ところが、彼らも真我を開発することによって、奪い合いから譲り合いに変わってしまいました。だから、遺産相続争いは一気に解決しました。真我を開発することで、自分の財産を増やすということよりももっと大事なことがわかったんです。それは、親の思いを大切に引き継ぐということだったのです。親は子ども達が争い合い、いがみ合うために財産を残したんじゃないんです。子孫がみんな仲良く平和に暮らすことを願っていたのです。真我の声を聞いた時、そのことにみんなが気づいたんです。

真我を開発した時に、その心で物事を捉えられるようになるんです。これは宇宙の心、愛の心ですから、決して奪い合ったり争ったりはしないのです。みんなが調和する方向に必ず向かっていくのです。

真我を開発すると、さらには、この世のあらゆることは愛でできているということにも気づきます。夫婦も親子も愛でできています。お客さんもそうです。会社の社長と社員もそうです。全部愛でできていることに気づくんです。愛が崩れたら、みんなバラバラになります。そこが、従来の潜在意識の開発と違うポイントです。

柳沢　真我に目覚めてしまった後の実際の社会生活とのバランスは、どのようになるんですか？

佐藤　真我を本当に開発していけば、一般の社会生活の全てに活かすことができます。なぜならば、全員が愛を求めているからです。後は表現の仕方だけです。愛が通じない人はいないんです。私も刑務所で二回ほど講演しましたけど、通じない人は一人もいないと確信しています。みんな、愛を求めているんです。今の子どもたちの問題にしても、全部同じです。愛が欠けているから、みんな崩れていっているんです。だから、表現の仕方さえ気をつければ、人間である限り全員通じます。人間だけじゃなく、あらゆる生命体に通じます。これを、私はずっと試してきたんです。刑務所とか、精神病患者とか…。私は、本で読んだことを鵜呑みにして話すのは大嫌いなんです。質問されたら、答えられないでしょ。あの本の何ページに書いてあったかな…なんてなってしまいます。自分が本当にこの目で見て、確かめてきたんです。この十何年間、その連続だったんです。今初めて、大きな声で言えるようになったんです。世の中の全ての問題はここから来ているな、と。

今、自殺者も増えています。うつ病もものすごく増えています。一説では、引きこもりで家から出られない子どもが、国内に百万人いるとも言われています。それから少年犯罪の問題。あれは全部、ここから来ているんです。これはいよいよ、本気になって訴えていかなければまずいなと感じたんです。

心の世界はまだ天動説

柳沢　経済的な活動の部分とのバランスはどうやって取るのか、ということを聞きたいんですけど。佐藤さんは、愛があればということをおっしゃいましたが、愛があり、守るべきものがあるが故に、争いが起きるということもあると思うんですが…。会社のオーナーが、真我に目覚めた時に、今までやってきたことを百パーセント断ち切ることができるのか。それは家族に対してどうなのか、社員に対してどうなのか、そういった部分はいかがですか？

佐藤　ああ、いい質問ですね。そこの問題があったから、私は今まであまり大きな声で言わなかったんです。ところが、深く自分を掘り下げて考えると、「それを言わないのは私の打算だな」とわかったんです。私も以前は、企業から講演などに呼んで欲しいというのもあったから。しかし、それではいけないと。なぜかと言うと、今まで守ってきたことが一番じゃなくて、真実は何なのかを追求することが一番大事だからです。もしかしたら、世の中に必要のないものもいっぱいあるかもしれない。それを「社員を守るためだ」と言ってやり続けて、例えば環境を破壊したり、森林を伐採したり、海を汚染したりしているかもしれません。その結果、地球は、砂漠化、酸性雨、オゾン層の破壊、温暖化…というふうにバランスを失いかけているんです。軍需産業だって、あそこで働いている人は家族を養っています。

昔、全世界の人が、太陽や星が地球の周りを回っていると思っていました。しかし、コペルニクスやガリレオが、「そうじゃない。太陽の周りを地球が回っているんだ」と言い出したわけです。当時そんなことを言ったのは彼らだけで、他の全世界の人が天動説だったわけです。ところが、今はどうですか?太陽が地球の周りを回っているなんて言っている人は誰もいません。

当時は、天動説の上に成り立っていた権力などもあったかも知れません。しかし、それは全部壊れました。壊れたけれど、真実を追究することが大事なんです。天動説なんていうのは、そうみんなが勝手に思い込んでいただけなんです。しかし今も、心の世界では全くの天動説なんです。だから、何が真実なのかを知ることがポイントなんです。ですから、これからははっきりと言うことに決めたんです。私も今までは、まさにその闘いでもあったんです。今まで携わったものに対して申し訳ないなとか、そういう気持ちはありました。しかし、それは違うとわかったんです。それに、もし仮に、そのことによって職を失ったとしても、実際に今の日本で飢え死にする人なんていないしね。

例えば、医者なんて一番わかりやすい例ですよね。医者の本当の仕事は何なのかと言うと、それは、自分がいなくてもいいようになることです。それなのに、自分の発展や家族を養うためと言ったら、それは自分のことしか考えていないということになります。いかに繁盛するかを考えると、なるべく患者を退院させないように引き延ばすようになります。すぐに治しちゃったら、商売にならないから。そんな医者がいっぱいいますよ。良い医者は早く治しちゃうから、案外暇な場合があるんです。だから、それと同じです。

今の世の中には、なくてもいいようなものはいっぱいあると思うんです。ところがその一方で、一番大事なことをやっていません。それは、人間の心のことです。テクノロジーはものすごく発展しているけど、反面、心のことは全然ダメです。新聞を見てもわかるように、自殺者は毎年数多いし、うつ病だとか精神的に悩んでいる人が溢れかえっています。心のことが一番大切なはずなのに、誰も手をつけていません。

政治家が、道徳や倫理のことをこれから強化していくと言っていますが、彼らの考え方は全部頭で教えるという発想です。それでは全然、意味のないことです。ですから、「いよいよ、これは本格的に訴えていかなければいけない」と思っているんです。柳沢さんがおっしゃっていることは、実はずっと何年も私の闘いだったんです。

柳沢　そうなんですね…。

佐藤「信じなさい。信じたものは救われる」ってよく言うでしょ。私は、それはダメだって言っているんです。疑った方がいいんです。信じなさいということは、盲目になりなさいと言っているのと同じなんです。真実は、目が見えるようになることなんです。全く正反対なんです。ここにダイヤモンドとイミテーションが混ざっていて、「このダイヤモンド一個あげる」と言うその人の言葉を信じちゃったら、間違ってイミテーションを持って行ってしまうかもしれない。真実を見ようとしたら、ルーペを持ってきて調べたり、鑑定士を連れて来たりして、イミテーションをつかまなくて済みます。それと同じです。ですから、疑ってもいいんです。真実を追究するということです。自分の今までの経験とか考え方を一回外して見た方が、物事の本質が見えると思います。私も今話しながら、もっとすごい話を聞いたら、「あっ、オレ間違ってた!」ってすぐ言えますよ。だって、私間違ってたってわかったから、七十店舗あったレストランを全部、手放したんだもの。こんなことやっていられないと思って。私は打算では動いていないから、ある程度言えるのかもしれない。いろんな会社の社長からも誘いはありましたよ。「うちの会社を立て直してくれないか」と。ものすごくいい条件で。だけど、そんなことには全然興味がないんです。

個体愛でなく全体愛に目覚めよ

柳沢　真我に目覚めた後の具体的な活動がどういったものが一番正しいとされるのかが、未だわからないんですけど…。

佐藤　いいところ、突いてきますよね。そこが次のポイントなんです。

大磯　例えば、理想論で終わってしまって、具体的な経済とか、経営者で言うと数字とか、そのあたりの現実的な問題になった時、無の境地だと業績が下がったりしてしまうんじゃないですか？

佐藤　それも、ものすごくいい質問ですよね。私の所に来て、真我に目覚めて行く人は、その後の結果が極端なんです。本当にその通りにやって、短期間に会社を上場した経営者もいます。また、保険会社の営業所長で、あっという間に日本一の営業所にしてしまった人もいます。そういう例はいっぱいあります。ある高校の野球部を指導して、甲子園で準優勝までさせたこともあります。

それと同時に、逆に全く売上が上がらなくなったりする可能性もあります。なぜかと言うと、自分がやっていることが本質でないとわかったら、本質でないものをできなくなってしまうからです。だから、その時には、潔くそれを辞めるなり会社をたたむ。仕事が一番じゃないんです。人生が一番なんです。どう生きるかが大事なんです。仕事のために人生を犠牲にするというのは、本質的じゃないと思います。あくまでも、自分の人生をどう生きるかという出発点、原点の方が何よりも大事だと思います。

柳沢　一匹狼でやっている分にはいくらでもやり直しはきくと思うんですけど、例えば、会社を立ち上げて、自分についてきた社員が百人、あるいは一千人いたとしたら、「ああ、自分が間違っていた。じゃあ、この会社をたたむ」と言った時に、それは一体どうなるんですか？

佐藤　まさに、私の葛藤を言ってくれますね（笑）。ずっと、それが最大の葛藤だったんです。地獄を見たんです、私はそれで。うん、その通りです。多分、柳沢さんもそういう所を考えているから、そういう質問が出るんだと思うんですよ。私は、あるレストランチェーンの創業社長でした。北海道から無一文で出てきて、皿洗いから始まって、宝石のセールスマンをやってお金を貯めて、そして、レストランチェーンを作ったんです。お店を七十店舗くらいまで作りました。アルバイトまで入れると、二千人くらいいたかな。そのトップですよ。私の超ワンマンでやっていた会社です。

ところが、ある頃から自分の使命がわかってきたんですね。「ああ、これじゃない」と。ある社内会議の時、一人の社員が、「社長、三百店舗計画で行きましょう！」って意気揚々と言ってくれたんです。普通なら喜ぶでしょう。私も昔はそうだったんです。「よし、やるぞっ！！」って一緒になって言っていたんです。みんなを、そうやって引っ張ってきたんです。ところが、本当の使命に目覚めた時に、変わっちゃったんです私自身が。だから、「三百店舗やりましょう」と言われた時に考えたんです。（三百店舗…？…それでオレの人生終わっちゃうな…）と思ったら、ゾーッとしたんです。（これはダメだ！社長がこれでは、会社潰しちゃう）と思ってね。

しかし、会社を潰すわけにはいかないでしょ。じゃあ、どうしたらいいかということを考えたんです。社員に一軒一軒店をあげちゃおうか。それとも、大手企業に買収してもらおうか。社員の中で社長を抜擢して、私だけ抜けようか。真剣に考えました、本当に。しかし、どうもピンとくる方法がなかったんです。

その頃たまたま、ある経営者と知り合いました。その方はコンピュータ会社を経営していたんですが、バブルがはじけて倒産しそうになって、一時は三百人いた社員も七人になって、なお且つ借金が数十億ありながら、それでも倒産させないで頑張っていたんです。そんな究極の裏ワザを持っている人がいたんです。私は、その経営者からこっそりと撤退のノウハウを教わりました。そして、この人なら倒産させないでうまく会社を経営してくれるはずだと思って、その人に会社を譲渡したんです。今でも、うまく経営してもらっています。〝無痛分娩〟です。何のトラブルもなしです。その方のお陰で、スーッと抜けて、今はこれ専門でできるようになりました。

柳沢　会社を創業する時のメンバーというのは、会社が大きくなるということよりも、社長の生き方についてくる人が多いと思うんです。

佐藤　愛の概念を整理した方がいいかもしれませんね。社長も愛があるから、社員を守ろうという発想になるわけでしょ。だから、愛の概念が違う可能性がありますよね。愛というのは、大きく分けて二つです。一つは自己愛的な愛、情愛です。自分のものを愛するという愛です。自分を愛する、自分の家族を愛する、自分の会社を愛する。会社も自分ですから、自分を愛しているのと同じです。家庭もそうです。家庭を愛するというのは、自分を愛するのと同じ。これは情愛的、人間愛的な部分です。それに対して、真我の愛というのは、人間愛じゃなくて宇宙意識の愛だと思ってください。

宇宙意識の愛というのは、一回全部放して、一挙に全部を愛せるようになる心ということなんです。地球を、宇宙を、全部愛せるようになる心です。個体的な愛ではなくて、全体的な愛です。これから私たちは、その全体的な愛に目覚めることが大事じゃないかということなんです。

真我で生きるとは究極の本音で生きること

牧村　全体的な愛に目覚めるというのは、エゴがなくなるという感覚でしょうか？〝無の境地〟と言うか…。

佐藤　仏教的には〝無の境地〟と言うけれど、それはまだ中途半端だと捉えているんです。無になったら、何もやらないということになっちゃうでしょ。〝無い〟という世界だと。実は、その〝無い〟という世界のさらに奥に、〝在る〟という世界があるんです。では、何が〝在る〟かというと、宇宙意識の愛がある。そう思った瞬間に、喜びが出てくるんです。ほとんどの人が今までは〝欲望のモチベーション〟でやってきました。しかし、〝喜びのモチベーション〟でこれからはやっていかなきゃいけないんです。その喜びも、真我の喜びでなければならないんです。今、家庭が幸せで仕事もうまくいっているから幸せ、そういう喜びじゃないんです。それは世俗的な喜びでしょ。真我の喜びというのは、もっと深い所にあるんです。

大磯　〝ミッションパワー〟ですね。使命感と言うか、そういう感覚で生きていく生き方。そういうパワー、エネルギーが一番強くないとダメだということですね。

佐藤　正しく言うのなら、〝使命感〟じゃなくて〝使命〟です。〝感〟がつくと、自分で勝手に考えているだけで、本当の事実じゃない可能性があります。だから、〝使命感〟じゃなくて、〝使命〟そのものなんです。タンポポは種の段階から、タンポポとして咲くって決まっていますよね。考えなくても決まっています。

大磯　その〝使命感〟と〝使命〟というのは、非常に区別しにくいんじゃないですか？

佐藤　これは「腕時計のように思える」というのと、「これは腕時計だ」というのとは違いますよね。

柳沢　それは、何を持って見極めたらいいんでしょうか？

佐藤　それは、自分の中で引き出して感じていくしかないと思います。「ああ、これが本当の自分だったんだ」と。今まで数多くの人の真我を引き出してきましたが、真我に出会う前の自分と、真我に出会った後の自分のどちらがいいかと聞いたら、全員「真我に出会った後の自分」と答えます。それは、みんな真我の自分が本当の自分だと本能的にわかっているからです。私たちはやっぱり、本当の自分の方が楽なんです。作った自分というのは疲れるんです。会社で上司にペコペコしている自分は、本当の自分じゃない。だから、会社帰りに焼き鳥屋に行って愚痴を言っている。じゃあ、なぜ愚痴を言っているかというと、わかって欲しい、認めて欲しい、愛して欲しいからです。でも、わかってくれない、認めてくれない、愛してくれないから恨《うら》む妬《ねた》む嫉妬《しっと》する。建前でやっているよりは、焼き鳥屋で愚痴を言っている方が本音に近いですよね。さらに本音に近いのが真我なんです。この究極の本音でいけたら、みんなも求めていることだから、誰にでも通用するんです。

頭や遺伝子の記憶では答えは見出せない

柳沢　これは譬《たと》え話なんですけど、男女間の関係で、運命の赤い糸を信じている人がいるんですが、その人は、毎回「この人が私の運命の人だ」と思い続けているんです。その人にとっては、「この人だ」と思う時は、真我なんですね。でも、毎回、真我が変わって行くというか…。その中で、自分が本当に真我ではなかろうかという見極めというのはあるんでしょうか？

佐藤　それは、ものすごく難しい問題ですけどね。簡単に言うと、頭で理論的に考えることは違うと思ってください。この人は将来、出世しそうだとか、良い家柄だとか、そういうことを総合的に考えるのは頭の部分です。もし、そんな考えで結婚すると、それが全部崩れて、その人の財産がなくなったら、すぐ別れることになっちゃう。

頭で考えるよりももっと深いところに、遺伝子の記憶があります。遺伝子の記憶というのは、先祖から遺伝的に受け継いだものと、自分の今まで生きてきた人生経験から細胞に染みついた記憶です。その遺伝子の記憶の部分でいくと、アバタもエクボで全部好きだという捉え方になることがあります。「なんだかわからないけど、この人好き！」と。しかし、これは良い所と悪い所が交互に出てきたりします。付き合うようになるまでは良かったけど、いざ付き合ってみると、なぜかすごく嫌いな面が見えてきたりします。それは、遺伝子の中には、良い記憶と同時に悪い記憶もたくさん詰め込まれているからです。

しかし、真我は違うんです。これは、どこを突っついても愛しかない世界なんです。言うならば、金太郎飴です。24時間、３６５日いつも同じだということです。

大磯　その境地に達するということなんですか？

佐藤　そうです。この時計は、いつでも時計なんです。このグラスは、いつでもグラスなんです。人が見ていようが見ていまいが、いつでも同じなんです。そして、いつでも愛そのものだということが、言わば見極める方法でしょうね。その人が仕事をしている姿も、家で寝そべっている姿も、どう見ても本質は愛だというようになっているかどうかです。行動は勿論違いますけど、本質が同じだということです。多分、女性はそういうのを見極めるのは鋭いと思うんですね。

柳沢　そこでやっぱり難しいなと思うのは、例えば、結婚式で誓いを立てる時は、多くの方が絶対に「この人で間違いない」と信じているると思うんです。でも、今これだけ離婚率が高いというのは、真我の声を聞いて決めたと思っていたのが、結局は思い違いだったということになるんでしょうか？

大磯　それを持続できればいいんでしょうけど、それを持続できないのが、能力開発の世界で成功者が少ない理由だと思うんですね。

佐藤　だから、「本当の自分」対「本当の自分」で付き合うしかないんです。そうすれば、絶対に間違わないいんです。それ以上ないんだから。見本と実際に出てきた本当の商品とが違うから、「こんなはずじゃなかった…」となってしまうんです。見本と本当の商品が同じだったら、そこに誤解はないでしょ。私たちは人前で良いところを見せるために、見本だけを良くしようとします。しかし、作り過ぎたり演技したりして、「本当は違っていた」というふうになってしまいます。本当はわがままなのに、ものすごくできたような振る舞いをしたりします。でも、それは作った自分だから、ふっと我に返った時、「こんなはずじゃなかった…」ということになってしまいます。当然、相手も「全然違っていた…」と思うでしょう。そうではなくて、いつもそのままで変わらないというふうになれればいいんです。

ビジネスの成功が成功の条件ではない

佐藤　ところで、みなさんに率直にお伺いしますけど、成功哲学のプログラムを勉強されているクライアントさんは、実際のところ成功されているんですか？

柳沢　どうでしょうか…。私一人で答えるんですか…（笑）。中には、プログラムが見事にはまる人もいるんですけど…。

大磯　それはですね、世の中がやっぱり成功者が少ないバランスになっているために、そういう結果が生まれると思いますけど…。ただ、成功しない確率よりも成功する確率の方が確実に高いと思います。

佐藤　問題は、成功とは何なのかということなんですよ。

大磯　そうそう、そこだと思います。

佐藤　ハーバード大学の調査では、成功する人の割合は百人のうち三人だということですけど、でもそれは全部、物理的なことを言っているんですね。じゃあ、億万長者だけが成功者で、貧乏人は成功者じゃないかということになりますよね。以前、テレビ番組で世界一の大富豪だったオナシスが取り上げられていたけど、もう凄まじい苦しい思いをしています。最初は女性のコメンテーターが、「ウワーッ、あんな人だったら三号さんでも何でもなりたいわ」なんて言っていたけど、最後まで見たら、「あぁ、あんな人と出会わないで良かった」に変わっていました。

大磯　ボクが捉える少し前の成功というのは、ＩＴ長者であったり、起業して有名になった人であったり、そういうスタイルだったと思います。だけど、次の世代の成功は、自己実現だと思うんです。

佐藤　そうですね。しかし、本当は過去でもそうなんですね。ただ私たちが気づいていないだけだったんです。孔子が、「朝に道を聞かば夕べに死すとも可なり」と言った。

自分の生きる本当の役割がわかったら、もう今晩死んでもいいくらいだと。悟らないで長く生きるくらいなら、悟って早く死んだ方がましだと言っているわけです。本当は昔からそこが一番だったんだけど、私たちがわからなかっただけなんです。

大磯　そうそう…。

柳沢　探り方がすごく難しい…。

佐藤　そうなんです。そこがまさに、私の挑戦だったわけです。真実を求めての挑戦と言った方がいいかもしれません。

大磯　問題は、その真我を短期間に体感できるのか、また、持続できるものなのかにあると思っんです。

佐藤　その通りです。体感できる確率は百パーセントないけれど、最近ではかなり百パーセントに近くなっています。「体感」「体得」「体現」というんです。「体感」というのは、頭ではなくて自分で「ああ、これなんだ！」というのを感じる世界です。「体得」というのは、自分のものにするということ。「体現」というのは、それを現実の世界に現わしていく、実証していくという世界です。そこまで行って初めて「わかった」と言えるのです。頭でわかったというのは、わかったうちには入りません。

柳沢　私も、それは自分の中でも大きな課題でして…。本当に自分の喜びを持続させることができれば、それに勝るものはないと思います。本当に自分の真我から来る喜びなのか、それとも過去の記憶を満たす喜びなのか、先ほどもお伺いしましたそのあたりの見極めというか、どこで線を引くかがすごく難しいなと感じました。多分、自分のトラウマ的な、過去、自分が未熟な頃に達成できなかったことや、蔑ろにされたことへの復讐と言うか、力の誇示みたいなところの喜びであれば、恐らく永久的な喜びじゃないと思っんですね。ただ、それがどこで見極めるのかがすごく難しいと思います。

佐藤　未だ意識がここまでの人には、その上のレベルを想像することはできないんです。でも、そのさらに上のレベルにまで上がった人は、そこまでの全てのレベルのことを想像することができます。なぜかと言うと、通過点として通ってきたからです。山を頂上まで上がった人は、中腹のことは大体わかりますよね。でも、未だ中腹にいる人には、頂上のことは絶対にわからないんです。だから、見極めるためには、自分が真我を自覚するしかないんです。そして、意識が変わっていった時に、「ああ、こういうことなんだ」とわかってくるんです。

一人の真我の目覚めは人類全体に影響を与える

柳沢　実力があればある人ほど、自分が栄光を歩んだ分だけ、苦しみ喘《あえ》ぐんではないかという恐怖もありますよね。例えば、ヒットラーなんかも、自分が正しいと思って突き進んで行ったわけですよね。その分、その後の苦しみはすごかったと思うんです。

佐藤　真我の世界から見ると、今の企業的な発展と、ヒットラーが世界征服を狙ったのと、それほど変わらないんです。経済面になっただけで、本質は同じです。だから、今の経営者でも織田信長とか豊臣秀吉を研究しているでしょ。それは、本質が同じだという証拠なんです。戦いの中で奪い取っていくという発想なんです。本当は次元が変わったら、あんなの勉強しちゃダメなんです。みんな殺し合いして、奪い合いしていた世界です。それが、経済面に変わっただけ。戦略とか戦術とか言って。だから、勉強の次元が違うんです。そんなレベルは、もう越さないといけないんです。

牧村　佐藤さんがおっしゃるのは、「欲を捨てろ」ということではないんですよね。

佐藤　違います。欲を捨てるのではなく、「小欲を捨て大欲を持て」と言った方がいいかもしれません。無一物無尽蔵ということです。無一物無尽蔵というのは、何も持ってないけど、全部持っていると。「私の人脈はこれだけ」と言ったらそれだけだけど、全部手放して「世界中にいる人が全部人脈」と捉えることもできるでしょ。営業マンが、「見込み客は名簿に載っている人」と言ったらそれだけになってしまうけど、「道歩いている人は全部私の友達」と捉えることができたら、みんなに愛想を振り撒いて、みんな見込み客にすることはできますよね。だから、外側じゃなくて、私たちの心の中に宇宙を包む心がありますよということです。その宇宙を包む心が、この真我だということです。

柳沢　真我に包まれた世界というのは、具体的に言えるとしたら、どういった状態なんでしょうか？人々がどういったカタチで、例えば経済活動をするんでしょうか？

佐藤　これはね、まだ世界がそうなっていないから、予測でしか言えないけどね。予測としては、まず病院があまりなくなってきます。それから、弁護士さんとかもあまりいらなくなると思います。闘いがなくなってきますから。それから産業も、なくなっていい産業がいっぱいあります。産業そのものも変化していく。どんどん。宇宙の法則に沿った産業になっていくでしょう。今、地球上に約七十七億人住んでいると言われていて、それがもっと増えると、食糧や物資が不足するから、自然淘汰されて死んだ方がましだと言う人がいます。しかし、それはエゴ的な発想なんです。それは、地球だけが人類が住める場所だと捉えているからです。宇宙を住処《すみか》だと捉えた時に、七十七億人が七十七兆人になっても、いくらでも住む所はあるんです。相手を殺すことに知恵を使うんじゃなくて、そういうところに知恵を使っていくことになると思います。

大磯　それが着地点ですか？

佐藤　着地点と敢えて言うなら、みんなが真我に目覚めていくことが着地点ですね。

大磯　それを目的に活動されているんですか？

佐藤　そのことにいち早くみんなが気づいていくためです。じゃあ、「佐藤さん、そんなわずかばかりの人を相手にやっていても、一体それで世界をどう変えれるんだ？」と思う人もいるかもしれません。でも、そうじゃないんです。それは、今までの物理的な発想なんです。この真我の世界というのは、共時性の世界なんです。「百匹目の猿」という話を聞いたことがあるでしょ。こちらの猿が海の水でイモを洗って食べることを覚えたら、ちょうど同じ頃、海を隔てた島に住む猿も、同じことを覚えたという話です。人間にも、そういうところがあるんです。だから、こちらの人が真我に目覚めたら、同時に世界の誰かが影響を受けるんです。そしてまた、どこかの人が影響を受ける。パタパタパタと。そして、アセンションといって、パーンと人類全体の意識次元が上がっていく時が必ず来ますよ。

価値観の変化とともに目標は変わって当たり前

牧村　競争がなくなるということは、今みたいな経済的な発展がなくなるということですか？

佐藤　経済的な発展の形も変化してくるでしょうね。

牧村　発展のポイントはどこにあると思われますか？

佐藤　今まで背負っていたいろんなものがどんどん消えていって、本当に真我に目覚めていくのが最後の着地点です。しかし、そこまでは一気に行けない可能性があるから、そちらの方向に向かっていく段階が発展だと思います。例えば、もう少しわかりやすい例で言うと、会社を興して会社を伸ばすというのは物理的な発展です。逆に、会社を倒産させることによって、顧みなかった家庭のことを顧みるようになったとか、自分自身のことを考えるようになったとか、人に対して思いやれるようになったというふうになれば、魂の世界で言うとその方が発展という捉え方もできるんです。

私も経営者だったから、経営者のいろんな勉強会とかにもいっぱい出ました。いろんな経営者に会ってきましたけど、何百億の会社を経営していても全然、魅力のない人がいっぱいいますよ。何のことはない、金儲けというゲームが上手いだけだったりするんです。もしかしたら、ズルイだけかもしれません。人を蹴落として、自分のところにお金をかき集めているだけかもしれません。朝から晩まで金儲けのことばかり考えているんです、そういう人は。それなら、金山を探していた人間と変わりません。今までは、金儲けが上手くて豪邸に住んでいる人が、あたかも立派な人に見えていましたけど、全然イコールじゃないんです。

実は、私自身もそうやってきましたから。一時はテレビや雑誌にも随分出ましたし……。一年間にマスコミの取材を百社くらい受けたこともありましたよ。そういう世界も一応通ってきているんです。

大磯　資本主義と社会主義とがあって、やはり資本主義の場合はジャングルのように生き残りがかかっていると思うんですけど、そのあたりは現実的にはどうなんでしょうか？

佐藤　資本主義とか社会主義というのは、もうこれからは要らないのかもしれないですね。もっと違うシステムが必要なのかもしれない。資本主義というのは、やはり弱肉強食的な部分があると思うんです。それが自然だと言っているわけですから。社会主義は、それをみんな平等にしようって頭で考えて平等にする社会です。言うならば、社会主義は頭で考えた理想で経済を成り立たせるシステム、資本主義は人間の遺伝子の記憶、業をそのまま反映させた経済システムです。だから、どちらでもない新しいシステムが必要なのかもしれませんね。

大磯　まだ少し、現実的ではないような気がするんですけど…。

佐藤　以前、成功哲学プログラムを販売しているトップ営業マンが、私の講座を受けに来たことがあるんです。彼は最初、私の言っていることが全然ピンとこなかったみたいなんです。でもしばらくして、「この世の中は、〝第一念〟と〝第二念〟で成り立っているんです」という話をした時に、ハッと気がついたみたいなんです。この世のあらゆるものは、誰かが心に描いたものが、後から形となって現われたものです。全部そうですね。人生もそうです。でも、それは第二念なんです。本当に、人間が心で全部、創造しているのかどうか。じゃあ、このクルマは人間が作ったと言うけど、本当に人間が作ったものですか、どうですか？

大磯　わからない…。

佐藤　鉄はどうですか？ガソリンはどうですか？

大磯　地球ですか、宇宙ですか…？

佐藤　人間を作ったのは誰ですか？人間がいなきゃ、クルマも何もないんですよ。人間を作ったのは誰ですか？人間が頭で考えたと言うけど、その頭脳を作ったのは誰ですか？ご飯を口まで入れるのは、第二念だと思ってください。消化吸収するのは、第一念だと思ってください。後は自分の意思じゃない。地球を回しているのは誰なのか？人間は、ゴキブリ一匹作れない。大腸菌一匹作れない。それは誰が作ったか。それを第一念と言うんです。第一念を俗に、神とか宇宙意志と言っているわけです。だから、この第一念から捉えなければ、本当のものが見えてこないということなんです。第二念だけしか見ていないと、常に移り変わる現象に振り回されてしまいます。ドシッとした心になれません。常に世の中の移り変わり、人の心の移り変わりに振り回されてしまうんです。

大磯　私たちはみんな、経済的な発展しか考えていないと…。

佐藤　江戸時代、町人は自分の商売を発展させようと頑張っていた。しかし、そこに勝海舟や坂本竜馬や高杉晋作といった人たちが出てきて、その時代の価値観を変えようと動きましたよね。それも、やはり仕事なんです。ただお金を稼ぐだけが仕事じゃないんです。今は、心の世界だと思っんです。これからは、同じ仕事でも仕事の意味が違うということです。

大磯　確かに成功哲学では、自分の思ったことを実現することが成功でした。しかし、それは全部、第二念の世界だと…。それなら、第一念というのはどういう世界なんですか?

佐藤　私も以前は、思った通りになるのが一番良いと思っていました。そして、そうやっていました。だけど、思った通りじゃなくて、真我に目覚めたら思いもよらないことが次々と起きるんです。〝思った〟といっても自分の価値観で思ったに過ぎないから、それを十年間思い続けたということは、全く進化がないと捉えることもできるんです。確かに、それがより形となって現われるかもしれないけど、でもある意味では、まだそんな価値観を追いかけているのかという捉え方もできるわけです。高校生になったのに、六歳の時と同じおもちゃで遊んでいるのと似ているんです。願望を実現するということは、その目標で一貫してやっているということですけど、でも次元が変わると価値観が変わるはずなんです。そうしたら、次なる価値観で、より次元の高い仕事に取り組むようになって当たり前なんです。これからは、意識の次元を上げていくことの方が、はるかに大事な時代なんです。

第5章

DNA成功哲学の成功者モデル

DNA成功哲学における成功の定義は〝本当の自分を知る〟こと

従来の成功哲学における成功の定義は、「自分で立てた目標を達成すること」でした。

そこに、「他人の権利を侵害しないで」とか、「自分にとって価値ある目標」とか、「段階を追って実現していくこと」といった修飾語がついていました。

大切なのは、あくまでも「自分で立てた目標を達成すること」でした。

しかし、何度も言うように、この成功の定義こそが、私たちを不幸にする元凶だったのです。

そもそも、「自分にとって価値ある目標」を立てろと言っても、どうやって立てればいいというのでしょうか?

以前テレビで、ある能力開発セミナーの様子を放映していたことがあります。

見ていると、二〇代から四〇代くらいと思える経営者が三〇人ほど、ねじり鉢巻をして真剣に机に向かい、自分の将来の目標を立てていました。

そして、一人一人が立てた目標を大声で発表しました。

「五年後に年商１０００億！」「三年後に年収１０億！」…。

目標の立て方については、「とにかく大きな目標を持ちなさい」「夢は大きいほどいい」といった指導をしているのでしょう。

その結果の目標設定が、「年商１０００億」になったのだと思います。

つまり、人間は目標を立てさせたら、放っておくと自分の欲になってしまうのです。

それも、ほとんどが物理的欲求になってしまいます。

果たしてそれが、本当に「価値ある目標」なのでしょうか？

財産を築くことが、私たちを真の成功者に導いてくれるのでしょうか？

もちろん、そうではありません。

しっかりと目を向けて見れば、それはわかることです。

では、ＤＮＡ成功哲学では、成功の定義とは一体何でしょうか？

それは、「真我を自覚し、真我を活かし切ること」です。

真我を自覚すれば、みんな宇宙の意志によって生かされているということがわかります。そして、みんな一つなんだということがわかります。

真我は喜びそのものですから、真我を自覚するということは、即ちその時点で真の幸福を得たということになるのです。

真我を知ることができれば、宇宙が与えてくれたままの自分が浮き彫りになってきます。

そして、〝自分はこの世に何のために生まれてきたのか〟という本質的な自己の使命を知ることができます。

さらには、自分自身が最高に発揮されている状態というのも見えてきます。

ですから、必然的に自分を活かすためには、何をすればいいのかがわかるのです。

自己の使命を知ることができれば、後はその使命を全うすべく突き進むのみです。

使命を生涯に渡って全うする生き方こそが、真の成功者の姿に他なりません。

そして、真我を自覚し、自分を活かす生き方をした時、結果的に、後から必要なものがついてくるのが、ＤＮＡ成功哲学の姿なのです。

本来の自分らしさが体現された時、必要な人脈や情報、そしてモノや資金までもが、あなたの後を必ず追いかけてくるのです。

ここが、従来の成功哲学における成功の定義とは明らかに異なる点なのです。

「価値ある目標を前もって設定する」のではなく、「価値ある目標は後からついてくる」のです。

気がついたら、一つの目標に向かって進んでいるという状態になるのが、ＤＮＡ成功哲学なのです。

〝欲望のモチベーション〟から〝喜びのモチベーション〟へ

ＤＮＡ成功哲学におけるモチベーションは、〝喜びのモチベーション〟です。

より正確に言うならば、モチベーションという言葉自体がいらないかもしれません。

花が咲くのに、モチベーションはいりません。

従来の成功哲学では、報奨金がもらえるとか、勲章がもらえるといった欲望を持つことで、やる気を起こしていました。

モチベーションというのは、「エイッ！」と言ってエンジンをかける世界です。

ですから、どうしても疲れてきて長続きはしません。

しかし、ＤＮＡ成功哲学では、エンジンがいらないのです。

力を入れる必要がありませんから、疲れません。

ただ、喜んでやっているだけなのです。

そして、人からも喜ばれます。

ですから、また自分の喜びにもなります。

全部喜び、朝から晩までいつも喜びです。

〝欲望のモチベーション〟ではなく、〝喜びのモチベーション〟なのです。

〝喜びのモチベーション〟というのは、目的が遠い先にあるのではなく、今ここにあるのです。

今この瞬間を喜び、喜びで行動しているのです。

例えば、お店を経営しているとしたら、売上げを上げるために精一杯の笑顔を作るというのは〝欲望のモチベーション〟です。

これに対して、〝喜びのモチベーション〟は、働いていること自体が喜びなのです。

お客さんに喜んでもらうことが喜びなのです。

そして、総ての一瞬一瞬が喜びなのです。

CDを聞いた方からのメッセージ

**多数寄せられた感想のなかから
ほんの一部をご紹介します！**

今まで精神世界や宗教関係の本を色々と読んできて、そのときはわかったような気になっても結局何も変わらないということの繰り返しを続けてきました。

まったくインプットばかりやっていて頭でっかちになって、かえって自分を見失っていた事に気づかされました。外から何かの教えを身につけるのではなく、本来の自分に目覚める、それを引き出せばいいんだ、真我という黄金は元々自分の中にあるんだ、というお話にハッとさせられ、また元気づけられました。ありがとうございました。

☆　M.O／男性／45歳／奈良県　☆

CDをいただきましてありがとうございました。今までの本やセミナーでは積極性、プラス思考等を繰り返し植え付けることが主でした。しかし心を変える事、真の自分を発見する事の方がはるかに大切で簡単である事を知り、とても興味がわいてきました。

これからも繰り返し聞かせていただき、まずはこれから繰り返し聞かせていただきます。

☆　H.S／男性／34歳／香川県　☆

10数年前から心理的なことに興味を持ち、少しだけ勉強したことがあります。恐怖感、不安や緊張は抑えようとすればするほど大きくなるのは習いました。しかし、肝心の「どのようにすれば消せるのか」は未だに教えてくれる人はいません。こちらの心の学校のお話をもっと聞いてみたいと思いました。

☆　T.E/女性/41歳/香川県　☆

自分の人生で、本当によかったと思い、やりがいのある生き方を実践していきたいと思いました。本当にやりたいことは何だろうと考え続けていたら少しずつわかってきた気がしました。早く、早く自分の人生を歩むことで、これからの人生を一生楽しく、美しく生きることができると考えるとワクワクしてきました。これからは自分の人生を真剣に考え、一生懸命にやっていきたいと思います。

☆　T.K／男性／21歳／栃木県　☆

話の内容が心に素直に入ってきました。私も自分探しの旅を続けていました。もともと自分の中にある「本当の自分」を外に探し求めていた間違いがわかりました。

☆　M.A／女性／45歳／山口県　☆

精神世界のジレンマやギャップ、心の思考パターンなどをスキなく説いていると思います。聞いているとカが出て楽しくなります。

☆　男性／37歳／茨城県筑波郡　☆

最近は人間関係で悩みもいろいろあり心がまいっていましたが、佐藤先生のお話のCDを聞かせて頂いたところ、心の奥からパワーが出て来ました。今までプラス思考·自己啓発の本を買って読みあさりましたが、皆、同じ内容ばかりでした。宗教でないところが嬉しいです。今日のランチの会話も楽しくできました。ありがとうございました。

☆　H.T／女性／22歳／兵庫県　☆

非常に興味深い内容でした。宗教や哲学を越えた人間学のようでした。人間の心、心理についてもっと知りたいと思いました。

☆　M.M／女性／22歳／兵庫県　☆

大変役に立つというより、今までに考えていなかったようなフレーズがあり、心に留まりました。さまざまな能力開発的な本を読んでみましたが、このような発想は今までになく、大変に感銘しました。

☆　男性／42歳／群馬県高崎市　☆

CDありがとうございました。自己啓発の本等は今まで色々読んでいましたが、今イチ納得がいきませんでした。しかし、CDを聴いて自分に正直である事の必要性を改めて知る事ができました。今まで以上に前向きに明るく生活していきたいと思います。

☆　A.O／女性／24歳／千葉県　☆

早速CDを送っていただきありがとうございます。自己啓発などでプラス思考がいいとは分かっていながら、実生活ではなかなか続かない状態でした。CDを聴きまして、今までのプラス思考の矛盾や落とし穴の指摘にハッとしました。また人間は「過去の記憶」に縛られているというお話には感銘を受け、「自分探し」や「悟り」に一生明け暮れるのではなく、「本当の自分」が出発点、「悟って」からが人生の始まりというお話に目が覚める思いです。自分の悩みや不安が溶けていくようで嬉しいです。このCDに巡りあえましてたいへん感謝しています。本当にありがとうございます。

☆　H.T／男性／44歳／東京都　☆

ご応募は裏面へ
FAX：03-5962-3748

自分が喜び、まわりが喜び、お互いが共鳴し合い、そして、またそこから〝喜びのモチベーション〟が出てくるのです。

今ここにいることに喜びを持っているのですから、全部が成功であり、全部が喜びなのです。

ＤＮＡ成功哲学では、特別にモチベーションをかける必要すらないのです。

〝愛のインスピレーション〟が働き世界中の人を味方にできる

普通、私たちが第六感と言っているのは、全部、記憶から来るものです。

記憶にないものは浮かんで来ません。

その記憶とは、頭の中に入った記憶か、それとも遺伝子の記憶です。

私たちが生まれて来る時には、遺伝子の記憶を引き継いできます。

そして、親の育て方、兄弟同士のつきあい、学校の先生の影響、社会に出てからの環境などによって、人生観や考え方が知らず知らずに細胞に記憶されていくのです。

第六感というのは、そういった遺伝子や細胞の記憶と、頭で覚えた記憶から出てくるものなのです。

動物は、他の動物が近寄ってきた時に、敵か味方かを一瞬の内に見分けます。同じような体格の動物でもライオンが近寄ってくるととっさに逃げますが、草食動物が近寄ってきてもビクともしません。

それは、第六感が働くからです。

その第六感は、細胞に染みついた遺伝子の記憶からくるのです。

頭の記憶と細胞の記憶から湧いてくるのが第六感ですが、真我から湧いてくるインスピレーションというのは、この第六感とは全く違うのです。

第六感を越したところに、真我のインスピレーションがあるのです。

例えば、相手が自分に対して攻撃をしてくるなという第六感が働いたら、その奥の真我である愛を見つめて、その愛で接した時に、敵だと思っている人が味方に変わってしまうのです。

そうすると、第六感が外れてしまいます。

全く、思いが変わってしまうのです。

それが、真我から出る〝愛のインスピレーション〟なのです。

世界中の人全ての人が味方である、というインスピレーションです。

ですから、敵はいなくなります。

敵と思っているのは、表面的な受け止め方に過ぎないのです。

その奥にある真我で受け止めた時、相手が敵ではなくなり、相手の自分に対する行ないも変わってしまうのです。

真我の愛が恐怖を蹴散らす

真我は愛そのものですから、真我から湧いてくるインスピレーションは、全て愛でできています。

「あの人は私を貶《おとし》めるんじゃないか…」というインスピレーションは、過去のデータからくるインスピレーションですが、真我からくるインスピレーションには絶対にそういうものはありません。

どんな相手にも好意を持ち続け、愛を出し続けます。

愛のエネルギーを出し続けたら、相手は絶対あなたを貶《おとし》めることはできないのです。

国同士も同じです。

他の国に手を差し伸べている国に対しては、絶対に侵犯することはできません。

日本も、そういう外交をしたらいいのです。

政府全部が愛で外交をしたら、どの国も絶対に手を出せなくなるのです。

今は全く中途半端なのです。

真我の〝愛のインスピレーション〟が出てくるようになるには、一回、自分の命を投げ出すくらいの気持ちにならないといけません。

それくらいの気持ちになって、初めてそこまで徹することができるのです。

なぜならば、恐怖感が邪魔をするからです。

恐怖感が、遺伝子からくる第六感の元になっている場合が多いからです。

「損をしそう…」「騙されそう…」「殴られそう…」という第六感は全部、恐怖感からきます。

しかし、命さえ一回投げ出すくらいの覚悟を決めた時、恐怖感がなくなり、後は真我の愛だけが出てくるようになるのです。

その時には、恐怖の第六感が出る余地が全くなくなります。

ですから、ＤＮＡ成功哲学を体得すれば、恐怖感はどこからも湧いて来なくなるのです。

真我を開発すれば無限の能力が発揮される

従来の成功哲学では、潜在能力を開発してきました。

それに対して、ＤＮＡ成功哲学では、真我を開発します。

潜在能力開発と真我の開発は一見似ているようですが、全く異なるものなのです。

潜在能力開発は、「人間にはこんなに眠っている能力があるんだ。だから、あなたにも無限の可能性があるんだ」という発想です。

確かにこれはある部分では事実ですが、究極の事実ではないのです。

なぜならば、例えば、バーベルを三十キロしか持てなかった人が、いくら潜在能力を開発したとしても、五十キロくらいなら持てるようになっても、五百キロは持てないからです。

これが潜在能力開発の限界です。

いくら潜在能力を開発しても、個人の力には限界があるのです。

しかし、真我を開発すれば無限なのです。

五百キロでも一千キロでも持てるのです。

なぜなら、真我は愛ですから、あなたのことを愛している人たちが協力してくれるからです。

綱引きにしても、個々がバラバラに引いていたら力になりませんが、みんなで一致団結して「エイッ！」とやったら、大きな力になります。

ロープに力が合わされば、大きな力になるのです。

今までの潜在能力開発というのは個人の力でしかありませんが、真我というのは調和の力なのです。

ですから、無限の力が発揮されるのです。

限界はないのです。

ＤＮＡ成功哲学では、真我を開発することによって、無限の力が発揮されるのです。

真我の開発は手段ではなく目的そのものだ

従来の潜在能力開発は、「あのようになりたい」という目的を達成するための手段でした。

願望の達成のために、自らの眠っている能力を掘り起こそうとするものです。

それに対して真我の開発は、願望を達成することが一番ではなく、そのこと自体が目的なのです。

真我とは本当の自分ですから、本当の自分に目覚めることが一番の目的なのです。

真我に目覚め、真我を開発していけば、その後にいろんなものが付いてくるようになるのです。

それが本物なのです。

お金や地位を得ることに喜びを持つのではありません。

自分が真我の愛に目覚めて、それを出していること自体が喜びなのです。

もちろん、お金も後から付いてきたら、それも喜びに加わります。

もし、お金を得ることだけが喜びだったら、得るまでのプロセスは苦痛で、お金を得て初めて喜びを得られるということになります。

そうすると、その間は喜べなくなってしまいます。

そして、仮に願望が叶ってお金を得ることができたとしても、お金というのは永続的なものではありません。

一旦お金が手に入ったら、また常に足りないと思うことでしょう。

真我から出てくる永遠の喜びに比べたら、お金など大した問題ではありません。

お金を得るまでのプロセスも、全部が楽しいのです。

いつもいつも、お金があってもなくても楽しいのです。

お金でも何でも、感謝状とか表彰状だと思えばいいのです。

自分がそれだけ愛や喜びを大きく体現していったから、感謝状としてお金が来たと思えばいいのです。

真我を体現できた証拠だと、喜んで受け取ったらいいのです。

創造力を超越した〝神通力〟が働く

今までは、潜在能力を開発することによって、人間の創造力を引き出してきました。

創造力というのは、あることを願って、その思いに集中して現実を作り上げていく力のことです。

世の中にあるいろんなものは、人間の思いが形に現われた姿です。

人間の思いの力で創造したものなのです。

これに対して、真我を開発することによって発揮される力は神通力です。

神通力というのは、書いて字の如く、神が通じる力です。

これは、人間の創造力とは全く異なる力なのです。

神通力を発揮するためには、人間の思いをむしろ一回外さないといけません。

人間の思いを外した時に、神（宇宙意識）が通じる力が出てくるのです。

それを活かしていくのが神通力です。

神通力は、神、大宇宙が本来作った元の姿に戻るという力です。

例えば病気の人は、自然治癒能力が働いて、大宇宙が本来作ったままの健康体に戻っていきます。

地球も破壊の方ではなく、再生の方に向かっていきます。

宇宙のリズム、大自然のリズムに沿った方向に向かっていきます。

神通力は、真我を開発することによって引き出すことができます。

神は生命総てを創造します。

人間にも、ものごとを創造する力があります。

神通力と人間の創造力は似ているのです。

そのため、人間には、神通力と創造力の区別がつきにくいのです。

ですから、人間が段々、自分の潜在能力を開発して創造力がついてくると、それが神の力だと誤解してしまうのです。

しかし、そっくりではあっても、人間の創造力と神通力とは似て非なるものなのです。

“神通力”に沿って“創造力”を活かす

創造力を発揮すると、破壊の方向に向かっていく可能性があります。

しかし、神通力が出ると、必ず修正の方向に向かっていきます。

そういう意味では、全く根本的に性質が違うものなのです。

例えば、家を建てることを私たちは創造と言い、破壊とは言いません。

しかし、家を建てることによって森林を伐採していたら、それは結果的には破壊でもあるのです。

いろんなものを生産するために、他の動物を殺したり、海を汚染したりしたら、地球全体から見たら、破壊の方向に向かっていることになります。

全体を知って、それに合わせた中で私たちの創造力を活かしていかなければならないのです。

神通力を活かした中で、創造力を使わなければいけないのです。

神通力に基づかないで創造力だけを使っていると、全体から見ると破壊をしている可能性があるのです。

宇宙の法則から独立して人間の願いだけが先走りしてしまうと、分離の世界になってしまいます。

度を越さない程度に創造力を使うということは、本当はできないのです。

川の流れに沿って船を漕ぐのが宇宙の法則に沿っているということなのに、度を越さない程度に反対方向に漕ぐというのは、結局は宇宙の法則に沿っていないということなのです。

川の流れに背くか沿うか、百かゼロか、どちらかしかないのです。

五十・五十というのは、半分漕いで、半分後ろに流れて行くようなものです。

宇宙の法則に則らないで頭だけで考えるのは、全部、人間の創造力です。

しかし、創造力も神通力というベースに沿った創造力ならば、その神通力を加速させることもできるのです。

例えば人間の体だったら、自然治癒能力を加速させるということは可能なのです。

明るい心を持つことで、自然治癒能力は加速するのです。

ですから、DNA成功哲学では、あくまでも神通力がベースなのです。

第6章
DNA成功哲学の特徴

真の成功を勝ち取るのに時間はかからない

ＤＮＡ成功哲学と従来の成功哲学との大きな違いの一つは、ＤＮＡ成功哲学では、成功するのに時間がかかからないということです。

真我を自覚した瞬間、あなたは成功者になれるのです。

真我を自覚すれば、一瞬一瞬に喜びを持って生きることができます。

いつも、愛の心を持って人と接することができます。

ですから、もうその段階で成功者だと言えるのです。

そして、真我を自覚するのにも時間はかかりません。

ただし、真我は無限ですから、一度自覚したらそれでゴールということにはなりません。

知れば知るほどその深遠さに気づくし、知れば知るほど無限であることがわかってくることでしょう。

ですからそういう意味では、従来の成功哲学のように、具体的な目標に向かって

「段階を追って達成する」のとは違いますが、自己の内面を段階的に探求していく必要はあります。

前はこれだけ自覚したけれど、今回はさらに深く自覚しようという目標の設定の仕方はできるのです。

自己の内面を深く掘っていくと、意識次元が上がり、ものの観方が変わります。

今までは、自分の出世のことしか考えていなかったのが、ようやく会社全体の発展まで意識を広げて考えることができるようになったとか、今度はさらに意識が広がり業界全体のことまで視野に入れられるようになったというように、段階的に探求していくことはできるのです。

また、従来の成功哲学では、目標のほとんどが物理的な成功に向けられてきましたから、どうしてもその延長には、限定されたパイの奪い合いが待ちうけていました。

しかし、それに対してＤＮＡ成功哲学では、目標が自己の内側という無限の世界に向けられていくために、どこまで追い求めても奪い合いにはならないのです。

突き詰めれば突き詰めるほど、無限になっていく世界なのです。

ですから、絶対に他者と争うこともなければ行き詰まることもないのです。

ＤＮＡ成功哲学では決断力も不要だ

従来の成功哲学では、「成功する人は決断が早くて諦めの遅い人、成功しない人は決断が遅くて諦めの早い人」と言っていました。

しかし、ＤＮＡ成功哲学では、決断力も判断力もいりません。

決断力という言葉すら、ないのです。

あなたがクルマを運転する時、いくら複雑な道であっても、どの道を行けば目的地に辿りつけるか知っていれば決断力はいりません。

全部わかっていれば、そこには決断力も判断力もいらないのです。

どちらに行って良いかわからないから、「エイッ！」と決断せざるを得ないのです。

ここに本物のダイヤモンドとダイヤモンドそっくりのイミテーションがあったとして、どちらかを選べと言われたら、見えない人には決断力が必要でしょう。

しかし、ダイヤモンドとイミテーションを見分けることのできる人は、迷わずダイヤモンドを取るだけであって、そこには何の決断力もいりません。

そもそも決断するというのは、壁を乗り越えるという発想です。
壁があるから思い切って決断をして、壁を乗り越えないといけないのです。
従来の成功哲学では、人生に壁があることが前提なのです。
しかし、ＤＮＡ成功哲学には、壁を乗り越えるという発想がありません。
もともと、壁自体がないからです。
壁がなければ、壁を乗り越える必要はありません。
真我に目覚めたら、誰もが壁のない世界に入ることができるのです。
全部、愛している人だから、人との間にも壁がなくなります。
先入観も固定観念もなくなります。
本当の自分に目覚めていけば、どちらに行くべきか方向性がはっきり見えてきます。
そして、その時には、私たちの前に現われる現実はどこにいっても黄金の山です。
自分自身の真我を開いていけば、その場所がユートピアになるのです。
たとえ、アメリカに行こうが、アフリカに行こうが、行った所が天国になるのです。
真我を開いていくという方向性が決まってくれれば、自ずと人生の道は見えてきます。
愛の道に向かって行くと、何の迷いもなくなるのです。

DNA成功哲学では忍耐力さえいらない

従来の成功哲学では忍耐力が必要ですが、DNA成功哲学では忍耐力も基本的には必要ありません。

なぜならば、真我に目覚めて意識次元が上がり、意識の高い人との出会いのチャンスにどんどん恵まれていけば、やるべきことが次々とやってくるからです。

人と出会って、次に自分が何をやるべきかがわかれば、忍耐力というものはそれほどいらなくなります。

喜びを持って臨みますから、ことさら忍耐力などと言う必要もないのです。

むしろ、忍耐力が意識上昇の邪魔をする場合すらあるのです。

意識が高くなっているのに、無理に今までと同じことを続けてしまうからです。

もっと、軽やかにならないといけないのです。

いつも、手放す気持ちでいくことです。

それは忍耐することではなく、上に上がっていく世界です。

忍耐というのは、しがみついて同じところに留まるという発想です。

同じ次元に執着するのではなく、軽くなって上がっていくことの方が大切なのです。

それに、そもそも忍耐力などと言っているのは、時間の無駄なのです。

例えば、「これから誰々と会うためにアメリカに行く」と言ったら、そこに行くだけのことです。

とにかく行って、探して会えばいいだけで、そこに忍耐力など必要ありません。

もっと、軽やかであってしかるべきです。

最近はオリンピックにしても、優秀な成績を残す人は、そういう軽やかな人です。

昔みたいに、武士道的に努力、根性、忍耐でやっている人はやっぱり勝てません。

スーッと軽やかな人が、すごい成績を上げています。

本当の一流選手は、そこに壁がありません。

そういうことを言うこと自体が、もしかしたら恥ずかしいことかも知れません。

もし、ものすごく忍耐力を必要とするようなら、あなたに合っていないことをやっている可能性がありますから、もう一度、自分自身を見直した方がいいかもしれません。

否定的な感情に素直になれば自分の使命が見えてくる

「否定的な感情が出てきたら、すぐにそれを追い出しなさい。それが成功への道です」と、従来の成功哲学では言っています。

しかし、本当は、否定的な感情も必要なのです。

「できない」とか「彼は嫌いだ」というようなネガティブな感情も、必要なものだから与えられているのです。

そういう感情があるから、余分なものに時間を取られないで済むわけです。

それがもしなかったら、余分なものに多大な時間と労力を取られてしまいます。

私も、それで随分、苦労した時期がありました。

何でもプラス思考で、寛容になり過ぎてしまって、何でもかんでも人を受け入れてしまったのです。

「誰でも来い！俺に慕って来るなら」と。

時には、「この人、大丈夫かな…?」と思うような人まで受け入れました。

そうしたら、案の定、いろいろと問題を起こしてしまいました。

そして、そのことで余分な時間を取られてしまいました。

最初から自分の気持ちに素直になって、「あなたには、まだ、ちょっと無理じゃないかな…」と言っていれば、それで済んだことなのです。

ですから、「できない」と思っことは、最初からやらなければいいだけなのです。

そう思うということは、ひょっとしたら自分の使命ではないのかもしれません。

そう考えると、無理をしてそれをやることなどないわけです。

できると思うことをやれば、いいだけなのです。

人にはみんな役割があると言っても、所詮、時間は限られているわけですから、一生にそれほどいろいろできるものではありません。

ですから、一番大事なことに集中すべきなのです
それでも、一生は短いです
ですから、無理にポジティブ・シンキングをして、余分なものに時間を取られるとはありません。

最初から本当に自分のやるべきことを見つけて、そこに集中すべきなのです。

真我を開くとネガティブな感情すら湧いてこなくなる

ネガティブな感情は、自分の本当の使命を知るための要素だという言い方もできます。

実際に私自身も、自分の使命に目覚め始めてきた頃、使命とかけ離れた勉強会などに参加すると、途中から具合が悪くなったものです。

腕がしびれてしまって、ジッと坐っていられなくなったことがあります。

それから参加しなくなりましたが、私はそれで良かったと思っています。

これは、単なるわがままとは違うのです。

真我を開いた時は、むしろ、ネガティブな感情を利用すればいいのです。

恐怖心や、「できない」とか「やりたくない」というネガティブな感情も、必要だから湧いてくるのです。

そういった感情が、「お前が進む道はそっちじゃないよ!」とメッセージを送ってくれているのです。

こういった感情は、真我を開いた時に一段と顕著に出てきますので、真我を開いているることを条件にするべきかもしれません。

真我に目覚めていない段階で、そういう感情が出てきたらどうすればいいかと言うと、その場合は逆に前に進むことです。

例えば、今の仕事が本当に自分に合っているかどうかわからなくなった場合は、もっとその仕事に真剣に打ち込んでみることです。

そうしたら、自ずと答えが出るからです。

「迷ったら近づけ！」です。

しかし、本当に真我を開いていくと、そもそもネガティブな感情自体が湧いて来なくなります。

例えば職場に嫌な人がいたとしても、そういう感情はもう湧いて来なくなるのです。

それは一つには、自分の捉え方が変わるからです。

「嫌な人だな…」と思っていた人がありがたい人、いい人に変わってしまいます。

なぜならば、その人のお陰でいろんな気づきも得られたし、自分自身を磨くことができ、人間的にも成長できたからです。

そうなると、嫌な人だと思っていたのが、一番愛すべき人に変わってしまいます。

もう一つには、本当にその「嫌な人」が「いい人」に変わってしまうからです。

なぜなら、こちらがその人を心から好きになれば、やがて相手もこちらに対して好意を持つようになるからです。

そうすれば、本当に「嫌な人」が「いい人」に変わってしまいます。

そんな事例は、実際に数え切れないほど見ています。

ですから、ネガティブな感情が湧かなくなるまで真我を開いていくことです。

そうしたら、本当に素晴しい人生が送れることは間違いありません。

DNA成功哲学を極めれば恐怖とサヨナラできる

「恐怖心を恐れてはいけない。恐怖心を支配せよ」

従来の成功哲学では、このように言われてきました。

恐怖心を克服しなければ成功はあり得ない、というわけです。

しかし、よく考えてみてください。

そもそも恐怖心というのは、私たち生きているものにとって必要なものだからあるのではないでしょうか？

例えば、野生の中で生きている小鹿に恐怖心がなかったらどうでしょうか。

あっと言う間に、他の動物に襲われて食べられてしまいます。

私たち人間でも、恐怖心があるから自分たちの身を危険から守れるのです。

恐怖心というのは、自分を守ろうという本能で、愛と同じ本能なのです。

ですから、恐怖心をなくそうとか、恐怖心に支配されまいと思う必要もないのです。

恐怖心は、なくさなくていいのです。

あって当たり前なのです。

恐怖心は必要だから、神様が私たちに与えてくれたのです。

しかし、真我に目覚め、愛に輝いていったら、恐怖心を持つような場面に出会わなくなります。

なぜならば、恐怖を感じるような人と出会わなくなるからです。

恐怖心というのは、騙《だま》されるとか、殴られる、怒られる、苛《いじ》められるといったところから出てきます。

あなたが真我に目覚め、意識次元が上がると、類は友を呼ぶと言って、あなたと同じような高い意識の人ばかりが集まります。

そういう意識の高い人は、騙したり、苛めたり、人の安全を脅かすようなことは絶対にしません。

逆に、人を貶《おとし》めるような意識の低い人たちは、あなたの周りからはいなくなってしまいます。

あなたの周りは、みんな愛の次元になるのです。

ＤＮＡ成功哲学を実践すると、恐怖とも縁のない生活を送ることができるのです。

真我を開発すると敵がいなくなる

従来の成功哲学では、まず自分自身にとって魅力のある目標やビジョンを掲げます。

しかし、その発想でいくと、必ずどこかで行き詰まります。

なぜならば、頭で考えている限り、どうしても自己中心的で個体的な発想になり、個体的な発想になれば、個体対個体で人とぶつかり合います。

個体対個体で人とぶつかり合えば、必ず勝ち負けという競争の世界になります。

人から足を引っ張られたり、騙されることもあります。

ですから、従来の成功哲学の発想では、弱肉強食の世界から脱し切れなくなり、いつまで経っても安らかな時は訪れません。

それに対して、ＤＮＡ成功哲学を実践していくと、絶対に敵がいなくなり、無用な競争がなくなります。

なぜならば、真我は愛そのものであり調和の心だからです。

〝全てのものが一つ〟であることが自覚できるからです。

自分も他人もみんな一つで、みんな仲間であることがわかるからです。

ある国会議員の先生は、まさにこのことを証明されました。

その先生は、最初、市長選に立候補されたのですが、その時は、相手を負かしてやろうという気構えで臨み、惜しくも落選してしまいました。

しかし、私の所で真我を体得し、どんどん真我を追求していくことによって、どんどんな人も愛せるようになったのです。

そして、次は市長ではなく衆議院議員に立候補されました。

そうしたら、街頭演説をする時に、今まで敵陣営だと思っていた人たちまでが味方に思えるようになったのです。

演説を聞いている半分が敵陣営だと思って演説をするのと、みんな味方だと思って演説するのとでは、全然話すエネルギーが違ってきます。

演説を聞く側も、それは敏感に感じ取ります。

結局、その先生はその選挙戦で見事にダントツのトップ当選を果たされたのです。

選挙戦なのに、敵まで味方につけてしまったのです。

まさしく、これが無敵の世界なのです。

〝闘わずして勝つ〟ことができる究極の世界

真我を開発していくと、〝闘わずして勝つ〟ことができます。

ここが、従来の潜在能力の開発とは全く違う点です。

格闘家で一番強い人は、どんな相手でも投げ飛ばしてしまいます。

でも、もっと強い人は、相手に触る前に相手を投げ飛ばしてしまいます。

気功などを極めた人には、そういう人がいます。

でも、それよりもさらにもっと強い人がいます。

それはどういう人かというと、相手を自分の味方にしてしまう人です。

これが究極の達人です。

潜在能力の開発は、最大限に自分の力をつけていくために行ないます。

ですから、潜在能力をどんどん開発していけば、相手を投げ飛ばしてしまうことは十分に可能です。

しかし、相手を投げ飛ばせても、相手を味方につけることはできません。

それどころか、相手はさらにあなたへの復讐に燃えるかもしれません。

これと同じことが現実の人間関係で起きたとすると、あなたと相手との人間関係の溝はさらに深まってしまいます。

より手ごわい敵を作ることになり、競争が激化します。

最悪の場合は、潜在能力を開発すればするほど、結果的に、敵を次々と作ってしまうことすらあるのです。

しかし、真我の開発ができれば、敵を作ることが一切ないばかりか、相手を味方につけることができるのです。

愛そのものになれば、敵がいなくなってしまうからです。

仮に、最初のうちは、相手があなたを敵だと思っていても、あなたが無限の愛を放ち続けていれば、必ず相手もあなたを敵だとは思わなくなります。

そして、あなたを打ち負かそうとはしなくなるでしょう。

そればかりか、あなたの味方になりたくなります。

そうなれば、〝戦わずして勝つ〟ことができるのです。

これこそが、まさに究極の世界なのです。

第7章

DNA成功哲学の実践ノウハウ

―DNA成功哲学をマスターするための4つのステップ―

ステップ① 真我を体感・体得する

真我は自らの内から引き出していく

いよいよこの章では、ＤＮＡ成功哲学の修得方法、つまり真我（本当の自分）を体感し、体得し、それを現実に活かしていく具体的なノウハウを解説していきます。

過去、偉人・聖人と言われる人は、みな異口同音に本当の自分を知ることの大切さを説いてきました。

しかし、現実に本当の自分を十分に知り得た人はごくわずかでした。

そして、そういうことを本から学んだ人も、所詮は頭で理解しているに過ぎず、それを体感するには到底至りませんでした。

それればかりか、頭で学べば学ぶほどストレスになり、いつも不完全燃焼の状態になってしまうのがほとんどでした。

学ぶという発想でいる限りは、いつまでたっても本当の自分を体感・体得することは不可能に近いのです。

それは料理の味を頭で理解して、その料理を食べないでいるのと同じなのです。いくら、人から「すごく美味しいよ」と教わっても、実際に食べない限り、その本当の美味しさを体感することは永遠にできません。

本当の自分は自分の中にあるのですから、それを頭で学んでインプットするのではなく、アウトプットすること、引き出すことが大事なのです。

真我を引き出す方法としては、古くから座禅や瞑想などがありました。

また、最近ではアメリカでもいろんな手法が開発されています。

しかし、そういった方法に挑戦してみても、実際にはいろいろ雑念が出てきてしまい、本当の真我に出会える人はごくごく稀でした。

開発者はともかく、取り組んだ人で、本当の真我にまで到達する人は、ほとんど皆無に等しいと言ってもいいでしょう。

また、その境地に達するまでには、何十年もの長い歳月がかかるのが現状でした。

何十年かけてでも到達できれば幸せな方で、実際には結局、到達できず、途中で挫折してしまう人がほとんどなのです。

それくらい、遠い道のりだったのです。

真我を引き出すには協力者が必要不可欠と知る

私は、真我を引き出すには、自分の力だけでは不可能に近く、人の力がどうしても不可欠なのだと捉えています。

どう考えても、そのように捉えたほうが賢明なのです。

ちょうど、母親が子どもを出産する時に、産婦人科の先生の協力が必要なのと同じです。

人間以外の全ての動物が自力で出産できるように、本来は、人間にも自力で出産できるだけの能力はあったはずです。

また、そういう体の仕組みになっているはずです。

しかし、残念ながら、人間は長年の間に物質的にしか物事を捉えられなくなってしまいました。

あんな大きな赤ちゃんが産まれるというのは、物質的に捉えるととても考えずらいのです。

そういう長年の思考パターンが、自力で出産する力を衰えさせてしまったのです。ですから、現代では誰もが、赤ちゃんを出産する時には、産婦人科の先生の力を借りるわけです。

それと同じで、現代人は、自分一人の力ではまず真我に出会えることは不可能だと考えた方が賢明なのです。

出産ならまだしも、ましてや心の世界は全く見えない世界ですから、自分の力で真我を開くということはさらに難しいことだと言えるのです。

その意味で、真我を体感し、体得するには、どうしても協力者が必要なのです。

私はある時、そのことに気づきました。

そして、それ以来、人の持っている愛そのもの、光そのものである本当の自分、真我を引き出すことこそが自分の与えられた使命だと受け止め、真我を引き出すお手伝いを続けているのです。

そして、今日に至るまでに、何千人という人の真我を引き出すお手伝いをさせていただいたのです。

あなたにとって大切なものを一度頭の中から投げ捨ててみる

真我は私たちの肉体の一番奥深くに眠っていると、捉えるとわかりやすいでしょう。

私たちの肉体は、個体的な塊に過ぎず、もっとも狭く不自由なものです。

私たちの心は、肉体よりもはるかに広がりと自由さを持っています。

しかし心には、自分が歩んできた経験からくる心の癖やトラウマ、遺伝子によって受け継がれた性格という制限があります。

それに対して、心の奥にある真我は、心よりもさらに広く、無限の存在なのです。

ですから、ちょうど、小さな入れ物の中に大きなものが詰め込まれているような状態です。

真我を体感、体得するということは、その小さな入れ物から、殻を破って無限の愛を引き出していく作業なのです。

ですから、真我を体感、体得するためには、私たちが身につけ大切に持っている知識や価値観を一度、全部削ぎ落とし、そして、さらにその奥にあるカルマや業、トラウマなどを掘り起こしていくことがどうしても必要なのです。

そうしなければ、一番奥にある真我は現われては来ないのです。

中でも、特に自分にとって価値があると思っているものを一度、全部捨て去ることこそが、どうしても必要不可欠なプロセスなのです。

なぜならば、価値があるということも、全部頭で考えたものに過ぎないからです。

それは、一番、表面的な部分なのです。

ですから、従来のような学びの発想からでは、真我の体感、体得は不可能なのです。学びの延長には、ＤＮＡ成功哲学の完成はあり得ません。

真の成功や幸せは、外部にはありません。

内在する真我、無限の自己、愛そのものの自己の扉を開いた時から、あなたはまさに真の成功の世界に入っていくことができるのです。

そういう意味でも、ＤＮＡ成功哲学は、従来の成功哲学とはアプローチの仕方が全く反対なのです。

〝仮想臨死体験〟をして初めて真我に出会える

ではいよいよ、具体的にどのようにして真我を体感・体得するのかについて解説していきましょう。

世の中には稀に、臨死体験をした人がいます。

そういう人の中には、真我を体感した人がいるのです。

そんな体験をした人は、あの世には土地も財産も肉体も家族も何も持って行けないという事実を体感します。

その時に、真我に目覚めるということがあるのです。

しかし、だからと言って、私たちが本当に臨死体験をするわけにはいきません。

そこで私は、みなさんに仮想の臨死体験をしてもらっています。

その場面に立って、死から生を見てもらうのです。

死から生を見ることによって、生きることの尊さ、命の尊さ、時間の尊さを体感することができるのです。

死ぬ時には、土地も財産も肉体も何も持って行けません。

そうやって全てのものを捨て切った時、初めて真我がぐっと浮き彫りになってくるのです。

誰もがオギャーッと生まれて、現在があって、いつか死にます。

生まれてから死ぬまでの人生全体を捉えた時に、自分の人生に対する観方が全く違ってくるのです。

従来の成功哲学では、現在から未来に向かって目標を設定します。

五年後、十年後に自分はどうなりたいかを考えるところからスタートします。

しかし、本来目標というのは、一番遠い所から立てるべきものです。

アメリカに行くと決めたら、成田空港に行きます。

成田空港に行くためには上野に行く、上野に行くためには地下鉄に乗るというように、近い所は後で決まってきます。

遠い所が先に決まるのです。

もし目的地が北海道なら、成田空港ではなく羽田空港に行かなければなりません。

そのように、遠い所が先で、近い所は後から決まってきます。

死ぬ間際に「本当の自分」が浮き彫りになる

人生における目標設定も、一番遠い所から立てるべきなのです。

では、自分の人生の一番遠い所はどこかというと、それは自分が死ぬ時です。

自分が死ぬ時に、自らの人生を振り返ってみて、「全く悔いのない素晴しい人生だった！」と、心から思えて死ねることが最終的な目標なのです。

「愛する人に囲まれて、喜びに満ちた素晴しい人生だった」「やるべきことは全てやり尽くして、もう何も思い残すことはない」と心から思えてあの世に行けることが理想のはずです。

自分にとって最高の人生とは何かということを、死ぬ時になって初めて気づいてももう遅いのです。

「私の人生はこんなひどい人生だった」と思っても、もう二度と取り返すことはできません。

なるべく若いうちに、最高の人生はこういうことだということがわかれば理想です。

そのために、自分の死ぬ間際を設定し、その視点から自分の一生を振り返ってみるのです。

その時初めて、「自分の最高の人生」が浮かんで来るのです。

そして、次の瞬間、本当の自分の姿、真我が浮き彫りになってくるのです。

「自分の最高の人生」がはっきりわかると、今日一日の生き方が変わってきます。

方向性がわかってくるからです。

「自分にとってこんな人生が最高だ」ということがわかったら、今日一日の生き方がわかります。

そして、毎日毎日、「今日も最高だった！」と言える人生を送ることができたら、それ以上の人生はありません。

そういう人こそが、真の成功者と言えるのです。

ＤＮＡ成功哲学の成功者とは、まさしくそういう人のことを言うのです。

真我を体感・体得し、そして体現し続けられれば、必ず喜びに満ち溢れた人生を送れるのです。

そして、いつでも、どの瞬間でも成功者でいられるのです。

完全なる宇宙意志から自分を観た瞬間、不完全が自動修正される

もう一つ、真我を体感・体得するための方法があります。

この方法を発見したのは、前出の手法を始めて約一年ほど経った頃でした。

ある日、私がベッドに横になって休憩していると、突然、まさに天から降ってきた

かのように、私の脳裏に大きなヒントが飛び込んできたのです。

その瞬間、私の体に強い衝撃が走り、思わず大きな声を張り上げて飛び起きてしまいました。

「宗教を学んでいる人のほとんどが間違っているっ！」

なぜ、何十年も宗教を学び、毎日、一生懸命祈っている人がさっぱり良くならないのか、それどころか、ますます業が深くなっていくことが多いのか、その意味がはっきりとわかったからです。

今までの宗教は、人間という不完全な心から完全である神の心をわかろうとしていたのです。

しかし、不完全な心で完全な心がわかるはずがないのです。

だから、どれだけいい教えを教わっても、頭で完全な神のことを学べるはずがないのです。

人間から神を評価するものではないのです。

私たちの心は、どれだけ学んでも不完全だからです。

しかし、私たちの真我は本来、完全です。

真我は大いなる宇宙意識、神そのものです。

ですから、最初から完全なる宇宙意識、神の視点から全てを見るようにするのです。宇宙意識に立ち、そこから自分を見、家族を見、会社を見るのです。

そこから、社会や人類や地球を見るのです。

完全から不完全を見た時に、初めて、不完全なものなど何もないことがわかります。

そのことがわかると、その瞬間から、問題だと思っていたことが全て修正されていくのです。

真我を体得するとは確信を持って第一歩を踏み出すこと

私たちは頭で考えると、次々といろんな想像をしてしまい、次第に妄想になってしまう可能性があります。

しかし、頭と違い心というのは、見た瞬間に変わって行きます。

高い山に登って景色を見た時には、「素晴しい景色だなあ」と私たちの心は一瞬にして変わります。

街を歩いていて、向こうから好きなタイプの人が歩いて来たら、もうその瞬間から心は変化します。

心というのは、見た瞬間に変化して行くのです。

見ると一言で言っても、肉眼で見る世界と、その奥にある心眼で見る世界、そして一番奥にある真眼で見る世界があります。

真眼とは、真理を見る眼、神の眼です。

この真眼で世の中を見た時に、見える世界が一挙に変わって行くのです。

真眼で見るためには、一番高い次元に立つ必要があります。

例えば、私は今、自分の事務所にいますが、同時に日本橋にもいます。

また同時に、東京にもいますし、日本にもいます。

そして、地球にも宇宙にもいるのです。

その宇宙という一番スケールの大きな観点に立った時に、自然と出てくる心があるのです。

自分から自分の顔は見えません。

鏡で見て初めて、自分の顔がわかります。

それと同じように、自分の本質を自分の頭では知り得ないのです。

自分という小さな枠から離れ、宇宙という無限の存在から自分を見た時に、初めて本当の自分の本質が見えてくるのです。

その時まさに、本当の自分、真我を体感することができるのです。

（真我を体感した瞬間は、誰もが感激と喜びに打ち震え、一様に魂の底から涙を流します。そして「こんな素晴しい体験は味わったことがない」と口を揃えます。まさに、この世で最高の至高体験をするのです。真我に出会うことの素晴しさは、紙面で表わすことなど、私にも到底できません。味わったことのある人でなければ、絶対にわかり得ない体験と言えるでしょう。）

以上の二つの方法によって、真我を体感することができます。

真我を体感することができれば、今度は、それを体得まで深めなければなりません。

真我を体得するというのは、真我を体感し、それがどういうことなのか確信を持つということです。

真我をさらに開いて行こうという方向性が定まって、その方向に動き出したら、それが体得できたということです。

言いかえれば、体感というのは、崖の道から黄金の道へ方向を変えたということです。

体得というのは、こちらが黄金の道だという確信を持って、その道を行こうと決めて歩み始めたということです。

体感しただけなら、感動して涙を流してという段階で終わってしまいます。

体得というのは、この道で行こうと完全に確信を持って歩み始めるということです。

ここで、主体的な意志を持つことがとても大切なのです。

そのことによって、次の真我を体現するというプロセスにつながっていくのです。

ステップ②　真我を体現する

体現するとは自分のみならず他人をも光に変えること

真我を体現するというのは、体感・体得した真我を現実の世界に現わして行くということです。

頭と心と行動が伴っているということです。

真我を体現するということを、灯台に譬《たと》えて説明するとわかりやすいと思います。

灯台は、〝灯台もと暗し〟と言うように、遠くを照らしていますから足元は真っ暗です。

だからと言って、もし慌てて足元を照らしたとすると、今度は遠くを照らせなくなります。

では、どうすれば遠くも近くも同時に照らすことができるでしょうか？

それは、灯台の塔そのものが光になることです。

灯台の塔そのものが光になれば、自分も足元も、そして遠くも同時に照らすことができます。

灯台の塔そのものがパッと一瞬でも光になるというのが、真我を体感するということです。

ずっと自ら光を放つことができるようになるのが、真我を体得するということです。

そして、真我を体現するというのは、自分が光っているだけではなく、まわりも光そのものになってもらうということです。

その光を自分だけで終わらせず、自分のまわりの人たちにその真我の光を照らし続け、さらには、まわりの人たちも灯台の光になってもらうということです。

自分が灯台の光になるまでなら、それは真我を体得したという段階です。

相手も自分と同じように光ってもらい、それをたくさん増やして行くことが体現ということです。

それが大きな広がりとなって、地球全体を光で包むきっかけになっていくのです。

体現するところまで行くことが、どうしても大事なのです。

自分だけが光っているのと、まわりの人たちまで光らせるのとでは、全然違うのです。

ここが、一番大切なところなのです。

自分が歩んだ道を教えてあげる

では、人も自分と同じように光らせるためには、どうしたらいいのでしょうか。

それは、まず自分が通ってきた道と同じ道を教えてあげるということです。

自分が真我を体得するに至った道を振り返ってみて、それを教えてあげることです。

もちろん人によって多少の違いはありますが、大体は、同じ道を通れば同じ所に行けると思って差し支えありません。

ですから、自分がなぜ真我に出会えたのかという道筋を振り返って、その人にも同じ道を教えてあげることです。

真我に出会う人は、大きく分けて二つのタイプがいます。

一つは、悩みや問題を抱えていて、それを解決したいと強く願っている人たちです。

もう一つは、人生を求めて求めて、本当の自分を知りたい、悟りを得たいという自分探しの旅をしている人たちです。

きっかけは、悩みを克服したいでも、悟りを得たいでも、どちらでもいいのです。どんな悩みでも、どんな問題でも構わないのです。

そのことがきっかけで真我を体得していけば、自分が歩んできたプロセスには全部、意味があったということがわかります。

抱えて苦しんでいた問題すらも、真我を体得するのに必要不可欠なものだったということに気がつくでしょう。

そのようなことを、あなたのまわりの人にもちゃんと教えてあげることです。自分の体験を通じて話してあげるのが、やはり一番説得力があるのです。

最近、真我開発講座を受講して真我を体得された建築設計コンサルタントのM・Hさん(48)は、定期的に訪れてくるうつ病に十年もの間、悩まされ続けてきました。一度うつ状態になると、半年近く立ち直れず、仕事も手につかず寝込んでしまうような日々を送っていました。

そのため、何とか自分の性格を改善しようと、多額の投資をして成功哲学などさまざまなセミナーに通い、プラス思考を潜在意識に植えつける努力を重ねてきました。ところが、その努力も実らず、またしてもうつ状態に陥り、家で休む日々が続いていた最中、真我開発講座のことを本で知りました。

彼は早速、講座を受講し、劇的に真我を体感、体得されました。

それ以来、見違えるように元気を取り戻した彼は、わずか一週間の間に、百人を超える友人たちに自らの劇的な体験を伝えたのです。

自分が十年もの間悩まされ続けたうつ病から一瞬にして解放されたこと、今までは意識が自分の方にばかり向かっていたためにマイナス思考になっていたこと、自分の内側から真我の光を放ち続ければ、マイナスの心が出てくる余地がないこと、そして、今までさまざまな勉強をしてきたからこそ、従来の成功哲学と真我を体得することとの違いも明確にわかるということなどを、喜びと興奮を持って伝えていきました。

その結果、彼の友人の多くが彼の辿った道に共感し、講座を受講され、真我を体得されたのです。

そして今、彼が広めた光の輪がさらに全国に広まっていることは言うまでもありません。

目的地まで手を引いて導いてあげる

自分が辿ってきた道を教えてあげたら、次は相手の手を引いてあげることです。

自分は進むべき道が見えるようになっても、まだ真我に出会っていない人からすれば、何をどうしたらいいのかわかりません。

もし、あなたが目の見えない友人をどこかに連れていこうとしたら、口先だけで指図するのではなく、きっと手を引いて目的地まで連れて行ってあげることでしょう。

それと同じで、まずは、あなたがしばらくの間手を引いてあげて、真我を体得するという目的地まで連れて行ってあげることが必要なのです。

ここがポイントなのです。

友人の変化を目の当たりにすることによって、あなたの真我への確信はより強くなり、あなたの真我がさらに開いていくことは間違いないからです。

そこまでできたら、さらに次は、その道についてその友人と一緒に話をするということです。

なぜそれが必要かと言うと、せっかく目的地に向かう道を確実に歩んでいるのに、何気なく歩いてしまうと、真我の本当の素晴しさを十分にわからないまま終わってしまう可能性があるからです。

ですから、その行程を歩んだことを振り返って、その友人と話し合うことも大事なのです。

そうすることによって、さらなる確信が持てるようになります。

「あの道はああだったね、この道はこうだったね」とお互いに励まし合い、力づけ合い、そして、より確信を持っていくのです。

せっかく真我を体得しても、そのままにして放っておくと、また元に戻って閉じてしまったかのような感覚になる可能性があります。

なぜならば、私たちのまわりには、まだまだ真我を開いていない人の方が圧倒的に多いからです。

まわりの環境にどうしても影響を受けますから、完全に真我を体得し、体現し続けられるようになるまでの間は、真我を開いた人同士が集まって、お互いに触発し、励まし合えるような場を持つことが大事なのです。

「何が起こっても真我の道を進む」と腹をくくること

真我を体感、体得していくと、今までとは明らかに意識が変わります。

意識がガラッと変わりますから、結果的に、自分が携わっていた仕事に意味を感じなくなる人もいます。

そういう人は当然力が出なくなりますから、そのことによって会社を辞めることもあります。

また、経営者ならば、経営している会社は倒産するかもしれません。

時には、離婚に至ることもあるかもしれません。

ですから、まずはそういった出来事は、真我に目覚めた結果起きた一つの過程であると認識することがとても大切です。

そして、長いスパンで見たら、絶対に悪い方向に行くことはないと知ることです。

ただし、その良い悪いは、私たちが常識的に思う概念では捉えることはできません。

なぜならば、全体から見て調和の方向に向かうということであって、個人が短絡的に捉える良い悪いとは全く異なるからです。

自分個人の利益や地位を守るという観点で言えば、一時的には都合の悪いことも起こるかもしれません。

しかし、人生単位で捉えた時には、決して悪い方向に向かうことはないのです。

なぜなら、真我を開くということは愛そのもので生きるということですから、どんどん素晴しくなることはあっても、悪い方向に向かうということは絶対にあり得ないからです。

とにかく大切なことは、何が起こっても動じないように前もって腹をくくっておくことです。

腹をくくってさえいれば、何が起きても怖くはありません。

真我に目覚めることが目的ですから、たとえそういうような事態が起きたとしても、微動だにしない私たちを持っていればいいのです。

真我を開くということは、それくらいダイナミックなことなのです。

そして、たとえどんな事態が起きたとしても、さらにそのまま突き進んでいけば間違いはないのです。

そうすれば、必ず、大往生をする時に「本当に素晴しい人生だった」と言えるような生き方ができるのです。

しかし、そこで立ち止まって、「最悪のことが起きてしまった…」と思い込んでしまったら、それがトラウマになって、残りの人生に悪影響を及ぼしてしまう可能性が出てきます。

ですから、そこで立ち止まらないで、迷わず突っ切ることです。

そうしたら、「今まで大切だと思っていたことは、実はもう、それほど大切なことじゃないんだ。自分には、もっと他にやらなければならないことがあるんだ。今までのことは卒業して、次の世界へ行こう！」と切り換えて、次なる人生に踏み出すことができるのです。

そこまで徹底した時に、今までの成功者とは全く次元の違う、真の成功者への道を歩むことができるのです。

そして、それこそがＤＮＡ成功哲学なのです。

ステップ③　縁を活かす

外に出て人と会う

真我を体感し、体得すると、自分自身が何者であるかがわかってきます。

そして、自分自身の生きる使命や生きる目的が明確になってきます。

本当の自分が何者かがわかったら、今度は縁を大切にすることです。

チューリップはチューリップに咲くようにできていますが、土に恵まれなければ花は咲きませんし、陽にも当たらなければ花は咲きません。

土や太陽や水や肥料に恵まれて初めて花が咲くのと同じように、私たちもそういう出会いによって、自分の使命を確実に果たしていくことができるのです。

ですから、真我を体感し、体得したら、次は、自分を活かしてくれる人や環境に出会うことが、どうしても必要なのです。

因縁という字の如く、因を知り、縁を活かすということです。

本当の自分を知った上で、それを活かしてくれる人や環境と出会うことによって、自分の使命を全うすることができるのです。

縁に恵まれるためには、あなた自身をよりはっきり自覚し、より大きく体現して行くことです。

「自分はこんなふうに咲くんだ」ということを、より広く発信していくことです。

発信をしていくことによって、誰かが受信をします。

その結果、その縁をキャッチできる可能性が高くなるのです。

花の花粉が風に乗って飛んでいくように、あなたにも動きが必要なのです。

ジッと待っていても、縁はやっては来ません。

磁石の磁力を強くして紐をつけて街を歩くと、鉄がくっついてきます。

いくら磁力が強くても、磁石を動かさなければ鉄は一向についてこないのです。

ですから、あなたも積極的に行動を起こし、人と会うことです。

真我を体得することによって、あなた本来の輝きが発揮されますから、今までとは出会う人たちの質が変わってくるはずです。

ですから、より真我を体感・体得・体現していけばいいのです。

これが、縁に出会う最良の道なのです。

出会った人にできるだけ近づいてみる

動いて人と出会ったら、今度はその人とさらに近付くことが大事です。

そのことによって、初めて何かが見えてくるのです。

ただ出会うだけでは、わからないことが多いのです。

なぜかと言うと、私たちの場合は、磁石のように鉄だけがくっつくとは限らないからです。

私たちは実生活の中で生きていますから、多少は損得勘定や好き嫌いという感情が働いてしまうことがあるからです。

それによって、勘違いをしてしまうこともあるのです。

ですから、人に合わせるのではなく、より自分自身を明確に打ち出すことが大事なのです。

自分自身を明確に打ち出すことによって、縁を持つべき人が選別されていくことでしょう。

人との縁を活かそうとする時に、どうしても邪魔になってくるのは私たちの欲です。例えば、結婚にしても、年収が高いとか、出世しそうだとか、家柄が良いとか、そういった外見的、財産的なものに惹かれていくと、肝腎な魂の結びつきがわからなくなってしまいます。

そしてそのまま結婚してしまうと、後になって「こんなはずじゃなかった…」と後悔し、離婚することになってしまいます。

打算や世間体などで、選択を間違ってしまう可能性があるのです。

仕事を選ぶ時も全く同じです。

ですから、選択に迷ったり、岐路に立たされた時こそ、真我をさらに開いていくことです。

真我をさらに開いていくことによって、自ずと結論は出てくるのです。

なぜなら、真我は本当のあなたの姿であり、あなたに最も必要な人を本能的に知っているからです。

ですから、人との縁を活かすためには、自らがより真我を開いていくことなのです。

ステップ④　目標を随時立て直す

従来の成功哲学では、一旦ある目標を設定すると、その目標の達成に向かって計画を立て、ひたすらそれに邁進するように教えています。

しかしＤＮＡ成功哲学では、目標を随時立て直す柔軟性を持つことが重要なのです。なぜならば、真我を開けば意識の次元がどんどん上がっていくため、以前の価値観で立てた目標をいつまでも追い求める意味がなくなるからです。

自分が成長して価値観が変われば、新たに目標を立て直さなければならないのです。例えば、今まではセールスマンとして高収入を得るという目標を立てていたけれど、一段意識が上がって、今度は、お客様により優れた商品を提供するために、自ら会社を作るという目標を持つかもしれません。

意識が上がって、次の目標を持つようになった時、未だに以前立てた目標にこだわっていたら、次なる次元に上がって行けなくなってしまいます。

〝継続は力なり〟と言われますが、継続にも、横の継続と縦の継続があります。

横の継続とは一旦立てた目標に向かって、それに固執をしていつまでもやっていくということです。

それに対して、縦の継続というのは、意識の次元が上がって価値観が変わったら、それに伴って目標の次元も変えて、次なる世界に向かっていくということです。

横の継続がアナログ的進化であるのに対して、縦の継続はデジタル的進化です。

デジタルですが、継続はしているのです。

子どもは成長すると、今まで遊んでいたオモチャでは飽き足らなくなって、そのオモチャに見向きもしなくなります。

ちょうどそれと同じように、私たちもそれまで継続してやってきた仕事に情熱を持てなくなる時期があります。

その時には、虚しく感じたり、覇気がなくなったり、気力がなくなったりします。

しかし、それは新たに情熱を持つことのできることを見つける時期なのです。

次のやるべきことに目覚めた時、また新たなエネルギーが出てくるのです。

ですから、一度立てた目標にいつまでも固執するのではなく、自分の真我を開発し、意識を高め、それまでの目標をどんどん立て直すくらいになることが大事なのです。

第8章

DNA成功哲学が人類に意識革命をもたらす

真我に目覚めなければ淘汰されていく時代に入った

調和の時代に変遷《せん》していく時には、反対勢力というのが出てくると思います。

それは、エゴ的な人がまだ大勢いるからです。

エゴ的な会社を経営している人は、反発してくる可能性があります。

そのことによって、自分の会社が危うくなるからです。

時には、倒産に追い込まれることもあります。

しかし、倒産してもそれは致し方ありません。

地球全体の環境を良くするためには、今までのように環境を壊す会社は潰れていっても仕方がないのです。

会社という一つの単位で見ても、同じことが言えます。

会社の発展のために良い人材が残っていて、足を引っ張る人間が辞めていったら、その会社はいい会社になります。

自分のことしか考えないような人間が残っていって、会社のためを考える良い人間が辞めていったら、その会社は危ないということです。

真中にいるトップがどういう考えを持っているかで、ついてくる人と離れていく人が必ず出てきます。

また、そうならなければダメなのです。

玉石混交でみんなついていくという会社は、あまり質の高い会社ではありません。素晴しい会社というのは、ついてくる人と離れる人がはっきりします。

地球全体も同じです。

真我に目覚め、その意識について来る人とついて来れない人にはっきりと分かれてきます。

ついて来れない人は、この世からどんどん終止符を打っていくことになるかもしれません。

調和の世界からは程遠い世界に隔離されてしまいます。

逆に、素晴しい人はどんどん宇宙の法則に目覚めていきます。

これからは加速度的に、真我に目覚める人と目覚めない人に分かれてくることでしょう。

宇宙的な視点に立った時、真我の知恵が湧いてくる

知恵にも三種類の知恵があります。

頭から浮かんでくる知恵と、遺伝子の記憶から湧いてくる知恵、そしてもう一つは真我からの知恵です。

真我からの知恵というのは、宇宙の知恵と言ってもいいものです。

普段私たちは、自分に利益をもたらすために知恵を使います。

そのようにして出てくる知恵は、頭を働かせて搾り出す知恵か、遺伝子の記憶から本能的に湧いてくる知恵のいずれかです。

世渡りを上手くするためとか、生活の知恵とか、全部、自分の利益のためです。

ほとんどが、自分のために働かせる知恵です。

そんな知恵を働かせるのがいけないと言っているわけではありませんが、できれば、さらにスケールの大きな知恵を使って欲しいのです。

宇宙の愛である真我から出てくる知恵は、頭の知恵や遺伝子からの知恵とは比較に

ならないほどスケールが大きく、万能で、本当に素晴しいものなのです。

この知恵を出せるようになると、今まで使っていた知恵が何とも不完全で、ちっぽけで、そして、いかに当てにならないものかがわかります。

真我の知恵を使うということは、一番大きなスケールに立って物事を発想するということです。

今、私は日本橋にいますが、同時に東京にもいますし、同時に日本にも地球にも宇宙にもいます。

真我の知恵というのは、まさに宇宙的な観点から観た時に出てくる知恵なのです。

宇宙全体、地球全体のことを考えた時、自分の会社をどうするか、その中で自分はどうするかという順番です。

普通は小さい所から考えて、段々大きなことを考えようとしますが、それは逆です。

一番大きなものが一番身近なのですから、大きなものから観ていくのです。

宇宙全体、地球全体、それから日本、わが街、わが社、自分と、大きい順番に考えるのです。

これがまさに、二十一世紀の宇宙的な発想なのです。

空間的全体像と時間的全体像から観る

さて、なぜ私が「一番大きなものが身近だ」と言ったか、その意味がおわかりになるでしょうか?

それは、こういうことです。

私たちの心臓は、宇宙のリズムで動いています。

血液も胃も、宇宙のリズムで動いています。

私たちの体は全部、宇宙のリズムで動いているのです。

ということは、私たち一人一人にとって、一番身近なのは宇宙なのです。

より正確に言えば、私たち自身が宇宙そのものなのです。

私たちは、宇宙の中で生かされているのです。

今まで私たちは、宇宙はものすごく遠い世界だと思っていました。

しかし、それは大変な錯覚なのです。

それは、言わば心の世界の天動説なのです。

私たちは宇宙そのものなのです。

今、私は、スケールの大きい所から捉えていくことで、真我の知恵が湧いてくると言いましたが、時間的にも同じように対極から捉えていくと見える世界があるのです。

現在から予想できる近未来を観るのではなく、人生全体という時間から観るのです。

もっと言えば、先祖から自分、自分から子孫という全体像から自分の生き方を観るのです。

目の前にある仕事をどうするか、会社を今後どうするかという観点ではありません。全体から捉えるのです。

私が以前、自分の会社をパッと手放せたのは、こういう観点で捉えたからです。

一生涯という単位で捉えた時、そんなものにしがみついている場合ではないということがわかったのです。

そんなことより、もっとやるべきことがあると気づいたのです。

自分の一生という、大きな全体像で捉えるのです。

時間的全体像と空間的全体像から捉えていくことで、真我の知恵が出てくるのです。

真我の知恵は完璧で、全てを調和の方向に導いてくれる素晴しい知恵なのです。

全人類が共感するＤＮＡ成功哲学

人は、今まで自分が築き上げてきた価値観と同じ価値観を持っている人に出会うと、「あなたの考えと全く同じだよ」というように共感します。

また、同じような人生体験をしてきた人に会うと、「あなたの気持ちは痛いほどわかるよ」とやはり共感します。

しかし、逆に頭の構造が全く違っていたら共感できません。

また、全然違う生き方をしていたら、あまり共感できないものです。

育ちや学歴、過去の体験、置かれている境遇、就いている仕事、社会的地位、そういったものが共通していないと、なかなか共鳴できない可能性があります。

ところが、総ての人が共感できる唯一のものがあるのです。それは真理です。

育った環境も考え方も肌の色も違っても、真理には誰でも共感できるのです。

例えば、腕時計を指差して、「これが腕時計です」と言ったら、誰か反発できるでしょうか？

これには、誰もが共感します。

どこから見ても真理というのは、反対できないのです。

たとえ目に見えなくても、体感さえすれば、誰もが共感することができます。

真我は、愛そのものの自分です。

真我の愛を体感し、親に対する感謝の気持ちが湧いてきたら、なぜそうなるか頭では理解できなくても、みんな等しく体の奥から涙が溢れ出てきます。

真実は、魂が知っているのです。

真我はみんなありますから、みんな共感するのです。

世界中の誰にでも宇宙の愛の心が内在していますから、そこには一人残らず共感するのです。

価値観はみんなバラバラですが、真我だけは全部つながっているのです。

ですから、真我は世界中の人が共感するのです。

真我を徹底的に体現していけば、世界中の人の共感を呼ぶのです。

全人類を共感させるのは、これしかないのです。

教育もインプット型からアウトプット型へ

以前、ある高校の野球部の監督から、「うちの野球部が最近低迷していて、何とか昔みたいに強くしたいから、是非ご指導ください」と頼まれ、指導に行ったことがあります。

それで、何度か通って指導させていただいた結果、見事に強くなって甲子園で準優勝をしたことがあります。

早速、監督からお礼のお電話をいただきました。

その野球部が強くなったのは、私の話を聞いて、選手個人個人が本当にやる気を起こしたからです。

監督はと言うと、私の本をボロボロになるまでじっくり読んだようです。

それで、指導方法が変わったらしいのです。

「選手みんなを愛せるようになった」と、おっしゃっていました。

そのことによって、選手たちも監督を愛するようになったのです。

「監督に恥ずかしい思いをさせちゃいけない」とか、「監督に認められるために頑張るんだ」というように選手たちが一丸となって、チームワークが増したのです。

本人の頑張る意志と、チームの調和力との両方が働きますから、強くなって当たり前なのです。

その高校は高校野球の名門校ですから、放っておいても優れた選手はたくさん集まってくるのです。

ですから、選手個々の能力はもともと高いのです。

しかし、チームとしてのまとまりが今一つだったのだと思います。

ですから、潜在能力の開発も大事なのですが、時にはそれ以上に調和力が大事だということなのです。

調和力というのは、野球のような団体競技に限らず、個人競技でも同じように大事なのです。

ボクシングにしても柔道にしても、自分一人で闘っているように見えて、実はトレーナーとかマネージャーといった、いろんな人が支えてくれているわけです。

そういう人を敵に回していては、やはり強くなれません。

心の中で「あいつは負ければいいのに」と願われたら、そういう想念が伝わりますから、本当に負けてしまうのです。

今の学校教育にしても、ほとんどの学校は学業だけを教えています。

人に対する思いやりの心とか、人を愛する心とか、今生きていることの喜びとか、そういう一番大切な教育をできていないようです。

本当は教育の中で、そういうことを頭で教えるのではなく、体で感じさせることが大事なのです。

今の道徳教育みたいに頭で学ぶようなやり方では、全く意味がありません。

英語では〝エデュケーション〟と言う言葉を使います。

これは、能力を〝引き出す〟という意味です。

本当は、子どもたちの真我を引き出すまでになればいいのです。

真我の愛を引き出して、その愛に沿った能力を発揮させていくのです。

能力があっても、エゴの塊みたいな人ばかり育てていては何にもなりません。

あるお母さんから、「今、受験勉強をしている子どもたちは、自分より勉強ができる子が病気になると、それが喜びになったりするんです」という話を聞きました。

他人を蹴落としてまでも自分だけは…という子どもたちが増えているのかもしれません。

それは、今の教育制度にも原因はあると思います。

ですから、そういうことから変わっていかなければいけないでしょう。

自然治癒力を引き出すのが二十一世紀の医療

これからは、医療のあり方も変わっていかなければならないと思います。

従来のように薬だけで患者の病気を治そうとするのではなく、患者の自然治癒《ゆ》能力を引き出そうという意図で薬を飲ませるようになっていくでしょう。

これは、薬を飲ませるという行為は同じでも、中身は全然違います。

例えば、痛み止めというのがあります。

痛み止めで完全に痛みを止めてしまうと、まずい場合もあります。

痛みが何かを教えてくれているのに、完全に痛みを止めてしまうと、それを見過ごしてしまうことがあります。

かと言ってあまり痛みが続くと、心が乱れてくるし、不安感もよぎってきます。

そうすると、病気をより助長させてしまう場合があります。

そこで痛みを抑えてあげると、心が楽になり、自ずと自然治癒能力が働くのです。

ですから、取り敢えず痛みを止めてあげることが、自然治癒能力を発生させるために必要なこともあるのです。

そういう働きとしては、薬が必要な場合もあります。

私も血圧が高かったのですが、その高い数値を見て余計に高くなるというのがありましたから、一時的ではあっても、血圧を抑えるのは悪いことではないのです。

薬を使って一度抑えておいて、それから心を安らげ正常に向かっていくように持っていくのです。

これからの医療は、なるべく患者のストレスを解消してあげるような状態を作っていかなければならないでしょう。

また、例えばガン患者に対する接し方というのも変わってくることでしょう。

ガンを宣告したら、ショックをまともに受けて不安で不安で仕方がなくなる人と、それほどショックを受けないで前向きに考えられる人の両方がいます。

ですから、そういう患者の性質や考え方まで把握していくことが、医者にとって大切なことになると思います。

これからは、患者の自然治癒能力を引き出すことを一番の目的として、あらゆる医療を考え直して行かなければならない時代になると思います。

愛の経営実践する会社が発展する

従来の成功哲学的な経営というのは、一言で言うとエゴの経営です。

競争に勝ち残って、我が社だけが発展すればいいという経営です。

我が社の売上、我が社の業界シェア、我が社の利益…。

社員も、個人個人がバラバラで、自分のことだけを考えている状態です。

自分の給料、自分の出世、自分の手柄、自分の満足…。

経営者も社員もみんなそれぞれに頑張ってはいるけれど、全部、自分のためというのがエゴの経営です。

ＤＮＡ成功哲学に則った経営というのは、社員みんなが全体のことを捉えられる経営です。

社員一人一人が真我に目覚めていくと、みんなが一つという意識になっていきますから、誰かの失敗はみんなの失敗、誰かの成功はみんなの成功と、全体を捉えられるようになります。

社員一人一人が、自分個人の業績だけでなく、自分のチームの発展、会社全体の発展、そして、業界全体の発展のことまで考えられるようになってきます。

真我は、より全体像が広がっていく世界だからです。

経営者は経営理念を掲げますが、その経営理念そのものが宇宙の法則や愛に則った理念にしていかなければなりません。

もし自社のことしか考えていないような経営理念になっていたら、永続的な発展は望めません。

そして、何よりも、経営者自身がその理念を本当に実践しているかどうかが問題です。

経営者が実践していたら、今度は、社員全員にその理念が浸透し、みんながそれを実践しているかどうかです。

経営者は心臓で、末端で働いている人が動脈、静脈です。

心臓から血液が隅々まで送られて行って、そしてまた心臓に戻ってきます。

心臓から流れていくのがトップダウン、体を一回りして心臓に戻ってくるのがボトムアップです。

そのトップダウンとボトムアップが円滑にできているかが、次のポイントになります。

その全体の流れをスムーズにしていくと、会社全体がイキイキしてきます。

それがどこかで詰まると、脳梗塞や心筋梗塞など、いろいろな障害を起こしてしまいます。

ですから、その流れを良くしていくことです。

スムーズに流れていくには、血液をサラサラにしないといけません。

サラサラにするには、話をわかりやすくしなければなりません。

そうしないと、全社員に真意が伝わりません。

そうやって、みんなが共感できるようにしていくのです。

それからやはり大事なのは、社員一人一人が能力を日毎に高めていくことです。仕事ができるようになっていくと、人間関係がさらに良い状態になっていきます。

大体、会社を辞める人は、仕事が辛いというよりも、人間関係がうまくいかなくて辞める場合が多いものです。

真我を体現していくと、人間関係が良くなります。

ここがポイントなのです。

従来の成功哲学では、自分一人の潜在能力を開発するだけで、人間関係のことにはあまり触れていませんでした。

「人間関係を良くしよう」ということは言っていますが、それは頭で考えて「良くしよう」と言っているだけで、本当に愛から湧き上がるものではありません。

ほとんどが技術的、能力的な部分が中心です。

同じパワーでも、愛のパワーかエゴのパワーかによって違ってくるのです。

DNA成功哲学を本当に理解した上で経営をすると、その会社は愛のパワーで社会に大きく貢献し、健全に発展することは間違いないのです。

人を無理に引っ張らないのが二十一世紀のリーダー

これからの真のリーダーとは、自分を十分に知り、自分の進むべき道をはっきりと見えている人のことを言います。

そして、その上でやるべきことを最後までやり抜ける人が、これからの本物のリーダーなのです。

自分の役割を十分に知らなければ、本物のリーダーとは言えません。

リーダーになるべきではない人もいるのです。

むしろ、リーダーに追従した方が相応しい人の方が多いのです。

しかし、もちろん、それはそれでいいのです。

「自分はリーダーじゃない」とわかったら、その人はそれでいいのです。

これからのリーダーは、人を引っ張っていく必要はありません。

むしろ、去る人がいてもいいのです。

無理やり人を引っ張っていこうとするのは、これからのリーダーのあり方ではありません。

去って行く人は、去って行っていいのです。

人が自動的に入れ替わるのですから、その方が望ましいのです。

これからのリーダーがやるべきことは、これから何をやるべきか、どちらの方向に向かって行くのか、その方向性を常に明確にして、それを言い続けるということです。

極端に言えば、それだけでいいかもしれません。

理念と方向性を明確にして、常にそれを言い続けていれば、それ以外のことは全てスタッフがやってくれるかもしれません。

ですから、リーダーが絶対に譲ってはいけないのが方向性です。

「この船はここに行くんだ」ということを、明確に言い続けることです。

それをやって、もし人が動かなかったら、その人はリーダーではないのです。

その人はリーダーではないから、リーダーにならなければいいのです。

年数もキャリアも何も、全然、関係ありません。

自分のやることを正面に出して、それを貫き通していればいいのです。

それが、大宇宙から与えられたその人の役割だからです。

真のリーダーとは自分を知り自分をリードできる人

私も、以前レストランを経営していた時は、社員たちを引っ張ろうとしていました。

しかし、今は人を引っ張っていこうとは一切思っていません。

それでも結果的には、必要な人材がちゃんと集まってくれていますし、みんながそれぞれの役割を十分に果たしてくれています。

もしも、私が意図的に誰かを引っ張っていこうとしたら、本来その役割を果たすべき人が他にいるのに、その人が来られなくなってしまいます。

人を無理に教育するのではなく、本当に適した人を発見するのです。

磁石には鉄だけが引っ付いてきますが、それと同じで、来るべき人を探すのです。

磁石というのは、使命や役割のことです。

使命や役割を持って、それを明確に自覚している人には、必要な人がちゃんと集まってくるのです。

意識をしなくても、真我を開いていれば、自然にそのようになります。

組織をまとめるために、リーダーシップを発揮しようというのは、逆さまなのです。真我を自覚し、自分の役割に向かっていった結果、「ああ、自分はリーダーだったんだ」と後から気づくものなのです。

それが、本物のリーダーなのです。

真のリーダーというのは、自分自身に対してリーダーシップを取れる人でなければなりません。

ほとんどの人が、自分自身のリーダーシップを取れていません。

自分自身というものをわかっていないから、人の言葉に惑わされてしまうのです。

本当のリーダーシップというのは、自分自身を知り、自分自身を引っ張っていけるようになることなのです。

自分を引っ張っていけたら、人に盲目的に追随しなくなります。そういう迷わない人が、真のリーダーなのです。

そして、そういうリーダーに、人もついてくるのです。

究極の命題「人生の目的」とは…？

〝人生の目的〟とは…？

人類にとって永遠のテーマであるこの問題については、実に多くの哲学者、思想家、宗教家などが、その答えを導き出そうと試みてきました。

私は、このテーマについては次のように捉えるのが、一番多くの人にとってわかりやすいのではないかと思っています。

「人生の目的は夢から目を覚ますことにある」

私たちは、敢えて言うなら、眠りながら夢を見ている世界で生きているのです。

今、みなさんはぐっすりと眠っているのです。

しかし、意識の中では別の物語、夢が展開されています。

眠っている時は、その夢の世界にしか意識はありません。

眠っている自分の姿は、自分では見えません。

ところが、目覚まし時計が「ジーン！」と鳴ってパッと目が覚めたら、夢が消えて、

「ああ、夢か…」と自分が眠っていたことに気がつくのです。

みなさんは、夢の中で夢を見ているのです。

ですから、夢から覚めましょうと言いたいのです。

それも死ぬ間際になって気づくのではなく、今生きている時に気づきましょうということです。

人間は切羽詰らないと、なかなか気がつかないところがあります。

滅亡寸前になって、やっと気づくのかもしれません。

しかし、できればそうなる前に気づいた方がいいに決まっています。

いつ気づいても事実は事実ですから、早く気づいた方がいいのです。

「夢の中で夢を見ている」ということは、仏教でも言っていることです。

般若心経の〝色即是空、空即是色〟とは、「この世の中は夢幻ですよ。そのことに気づきましょう」ということです。

しかし、その目覚めた後にさらに新しい世界を作ることができるということを、私は実証しているわけです。

そこにもう一歩、動きがあるのです。

この間の講演会で、私が腕時計を指して、「これは時計です。これに反論できる人いますか?」と聞いたら、ある青年が手を上げてこう質問してきました。

「今、佐藤先生は〝これは時計です〟とおっしゃいましたけど、本当はそこには何もないじゃないですか?どうも、そこが引っ掛かるんですけど…」

実は、その青年はお寺の後継ぎなのです。

「ああ、そうか。あなたはお坊さんだったね…」

確かに、今までの仏教的な捉え方ではその通りなのです。

しかし、私の場合はそこから一歩突っ込んでいるのです。

「じゃあ、あなたはその事実を知って、その上でどんな人生を生きていくんですか?ここに来たのは、もっと良い人生を送りたいからじゃないんですか?ただ〝この世には何もない〟という事実を知ったというだけだったら、今のままでいいんじゃないですか?」

そうしたら、その青年は「ああ、それはそうですね」と言っていました。

そこから先が、実は私が一番みなさんに伝えたいところなのです。

〝無い〟という世界から〝在る〟という世界に行くのです。

〝在る〟というのは、〝神の愛が在る〟ということです。

神の愛で生きるということです。

それが次なる世界なのです。

〝在る〟世界で、現実を作っていくということです。

ですから、そこからが出発なのです。

神の愛が在ることに気づいた時、それをもとにした世界を現わしていくのです。

ユートピアの世界があると気づくだけではなく、ユートピアの世界に入ってしまう、ということです。

ユートピアの世界で現実を作ってしまうということです。

早く夢から覚めて、この大宇宙には神の愛以外のものは何も存在しないということに気づき、そして、その神の愛が在る世界で生きていって欲しいのです。

それが、私たちの人生の究極の目的なのです。

最大の社会貢献は自分自身が輝くこと

ある有名な哲学者は、人が生きる目的は、「人類の進化向上に寄与すること」であると言いました。

おそらく日本の経営者の多くも、これに似た企業理念を掲げているのではないでしょうか。

こういった理念は、大変もっともらしい大義名分だからです。

しかし、果たして、これが本当に人の生きる目的と言えるのでしょうか？

それに、そもそも何を持って、「人類の進化向上に寄与した」と言うのでしょうか？

さらに、「社会に貢献する」とか、「人に役立つように」と口先では言っているけれど、果たして、それを本心で実行している人がどれだけいると言えるでしょうか？

確かに、「自分のため」を前面に出す人は、エゴの強い人と言われて敬遠されてしまいます。

しかし、「人のため」と強調する人も、よく観察してみると、本心では自分のところに見返りがあるのを期待して、「人のため」という大義名分を振りかざしている場合が多いのです。

そして、そういう本音をみんなどこかで見抜いているものです。

「偽」という字は「人のため」と書きます。

「自分のため」と言えばエゴになり、「人のため」と言えば偽善者になってしまうのです。

では、どうしたら本当の社会貢献ができるのでしょうか?

ＤＮＡ成功哲学における最大の社会貢献は、「真我に目覚めること」なのです。

これはどういうことか、説明しましょう。

ここで、前にも述べた灯台の譬《たと》えを思い出してください。

灯台は遠くを照らして船を導きますが、灯台の足元は真っ暗のままです。

そうかと言って、慌てて足元を照らしたら、足元は明るくなるけれども、今度は遠くを照らせなくなり、本来の役割を果たせなくなってしまいます。

仕事を一生懸命やって会社に貢献しているかもしれないけれども、家庭を顧みないうちに、いつのまにか家族がバラバラになっていたというようなことがあります。

また、その逆もあります。足元を照らそうと、家庭ばかりを大切にして会社への貢献度が落ちたら、ひょっとするとクビになってしまうかもしれません。

「世のため人のため」とばかりやっていると、自分の足元が疎かになってしまい、本当の幸せや成功は得られません。

いつも、どこかで嘘をついている気持ちになります。

そして、自分自身も心の底から喜べません。

そうかといって、自分のことしか考えなくなると、まわりの社会との調和が取れなくなり、健全な社会生活が送れるとはとても言えなくなります。

そして、何より人から疎まれてしまい、淋しい人生になってしまいます。

いずれにしても、矛盾があるのです。

では、どうすれば矛盾がなくなるかと言うと、それは灯台の塔そのものが光になることです。

足元も遠くも、同時に照らすことができるのです。

そして、もちろん自分自身も光り輝くことができます。

真我に目覚めれば、まず誰よりも先に自分自身が喜びで満たされます。

本当の自分の素晴しさに気づき、心から自分のことを愛せるようになります。

自分のことを愛せるようになって初めて、人のことも心から愛せるようになります。

身近にいる人も、遠くにいる人も、どんな人でも心から愛せるようになるのです。

そして、本当に自分のやるべきことがわかりますから、自分で勝手に描いた願望に向かうのではなく、自分が本来持っている能力を社会の中で十分に発揮していけるようになるのです。

その結果、社会に最大限貢献することができ、まわりの多くの人にも良い影響を与えることができるのです。

ですから、真我に目覚めることこそが、最大の社会貢献になるのです。

社会貢献をしようと、意図的に活動する必要はないのです。

真我に目覚めるだけで、まさに自動的にあなたという存在自体がまわりに良い影響を与え始め、あなたの全ての行動がまわりに光を与えるのです。

ＤＮＡ成功哲学の社会貢献は、本当の自分に目覚めることであり、それこそが生きる目的でもあるのです。

あとがき

私たち人類は、長い歴史の中で、民族や人種の違い、宗教やイデオロギーの違いなどから対立し、戦争と侵略を繰り返してきました。果たして、これからもそのパターンを果てしなく繰り返していくのでしょうか。

科学は、エジソンが電気を発明してから現代のコンピュータに至るまで、大変なスピードで発展を遂げてきました。しかし、科学よりもさらに大切な人の心はどうでしょうか。人々の心は本当に成熟したと言えるでしょうか。本当に豊かになったと言えるでしょうか。

シャカが出てから二千五百年、キリストが出てから二千年の時が経ち、現代に生きる人々が、シャカ、キリストが残したことを本当に実生活に活かし切っていると言えるでしょうか。未だに、聖書や仏典を読んでも理解できない人が圧倒的に多いのではないでしょうか。

彼らのような聖人は、素晴しい教えを数多く後世に残しています。しかし、人類が辿ってきた足跡は、彼らが訴えたかった世界とはほど遠い戦いの歴史だったとも言えるのです。これは、一体なぜなのでしょうか。

科学の発展と同様に私たちの精神性も向上し、地上にはユートピアが築かれ、私たち全員が喜びに満ち溢れた人生を全うしていても何も不思議ではないのです。ところが、現状は全くかけ離れています。世界各地で紛争が絶えず、相変わらず領土の争奪や殺戮を繰り返しています。また、特に先進国では心の病が増え、犯罪の低年齢化が進み、悲惨な出来事が頻発しています。むしろ、ますます人々の心が荒廃しているようにさえ見えます。ところが、そういった問題に対して、政治も教育も宗教も、ほとんど根本的な解決方法を見出せない状態なのです。

従来の成功哲学にしても、武力の時代の発想と何も変わらず、変わったのは、剣や大砲が経済面に入れ替わったことだけです。現代の経営者たちが未だに戦国時代の武将たちから多くを学んでいるという現状を鑑みると、まさに根本的な発想は昔から何も変わっていないと言えるのです。

二十一世紀に生きる私たちにとって最も必要なことは、本当の自分、真我に目覚めていくことです。真我に目覚め、真我の愛で社会に貢献できるようになっていくことが、科学の進歩以上に重要なことなのです。

真我に目覚め、そこから湧いてくる心で科学を発展させていくのです。戦争の武器に科学を使うのではありません。宇宙全体が私たち人類の住処だと思えば、他の国を奪う必要などないのです。私たちはまさに、地球は一つであるということ、人類は一つであるということに目覚めなくてはならないのです。

日本は、決して島国ではありません。海の水を取り除いたら、他の国と全部つながっているのです。まさに、私たちはそれくらい大きなキャパシティ、宇宙的キャパシティの中でものごとを発想することが必要なのです。

私たちが本当の自分に目覚めることができれば、結果的に人類にも地球全体にも大きく貢献することになるのです。それこそが、私たちが生まれた一番の使命でもあるのです。使命というのは、まさに神が任命した仕事を行なうということです。その神の任命した仕事を悟るには、真我を開いていくしかないのです。本当の自分に目覚め、本当の自分を知るということが、使命の道を歩む第一歩と言えるのです。

これから私たちは、本当の意味で、今までの価値観を根本から変えていく必要があるのです。真我に目覚め、宇宙の法則に沿って生きれば、この世から病気はどんどんなくなっていくでしょう。教育も今までのような画一的な知識教育ではなく、子どもが生まれながらに持っている才能や役割に目覚めさせていき、その方向に進んでいけるように推進していく教育になっていくことでしょう。

政治の世界にも、自国の経済のことだけでなく、諸外国との調和や地球全体の調和、そして真の意味での平和繁栄を考えられるような真我に目覚めた政治家が必要になってくることでしょう。

人類全体の意識が上がれば、やがて争いがなくなり、法律や裁判のようなものもあまり必要なくなってくるかもしれません。

この世にあるあらゆる問題が大きく変化していくことは、間違いないと思います。そういったことをはっきり意識してはいないまでも、薄々と感じている方が、地球全体には数多くいます。そのことをより理解し確信を持っていくことが、私達全員の与えられた役割と言えるでしょう。

私は現在、「真我開発講座」という、真我に目覚めていただくための講座を主宰し、専任の講師が全国で毎週開催しています。参加される方一人一人が確実に真我を体感できるように、受講者を毎回二十名程度に限定して行なっています。

受講された一人一人が真我に出会えた瞬間、そのあまりの素晴しさに打ち震え、魂の底から感動の涙を流し、そして、表情がとても穏やかになっていくのを、毎回目の当たりにしています。そしてその後、それまで抱えていたあらゆる問題が自動的に解決されていくのを、みなさんからのご連絡で知らせていただき、私自身も毎日のように喜んでいます。そして、あまりの劇的な変化に、いつもながら驚かされます。そういった事例を挙げたら、それこそキリがありません。

私がこの講座を主宰し始めてから既に約三十年が経過し、受講生の数も延べ約四十三万人を超えました。そんな活動を続ける中、私は、真我に目覚めることこそが、私たち一人一人が本当に幸福な人生を歩める唯一の方法であり、さらに、社会全体に平和をもたらすたった一つのカギだという確信を持つに至りました。これが、自分自身でも散々疑ってきた結果なのです。

確かに、既にたくさんの実証を重ねてはきました。しかし、さらに理論的にも本当に間違いがないのかという常に冷静な視点を持つために、現在さらに世界中の思想や哲学、心理学、ニューサイエンスなどの情報も入手し研究しながら、この分野を確立していきたいと考えています。

拙著は、成功哲学という角度から伝えようと試みたものですが、今後、さらに幅広い視点を持ち、あらゆる角度から出版をしていきたいと考えています。幸福論、心理学との対比、インスピレーションから来るメッセージ（これが私の真骨頂ではあるのですが…）、新しい経営論、新しい営業手法…等々です。とにかく、二十一世紀は、今までの歴史の繰り返しではいけないのです。全く新しい価値体系を築いていかないと、必ず人類は行き詰まると思うのです。ですから、その意味で、私はこれからも積極的に、社会に対してこのことを伝え続けていきたいと考えています。

また、その一環として、近い将来、真我を体感・体得・体現し、社会の様々な分野に影響を与えていける人材を育てるための学校を作りたいとも考えています。

このことが私の使命だと、はっきり自覚しているのです。

※　本書は２００１年４月に日新報道より刊行された「脳みそをぶっ飛ばす新成功哲学」を再編集したものです。

佐藤 康行（さとう やすゆき）

１９５１年、北海道美唄《びばい》市生まれ
心の学校グループ創始者
ＹＳこころのクリニック創立者

15歳で単身上京、飲食店経営者になる夢を抱き、皿洗いからセールスマンに転身、教材のセールスでは世界トップの実績を持つ。1980年、「ステーキのくいしんぼ」を創業。「世界初の立ち食いステーキ」を考案するなど、様々なアイデアで人気が爆発、レストラン全体で70店舗、年商50億円を８年で達成した。

その後経営権を譲渡、これまでの経験をベースに心の専門家として1991年に「心の学校」を創立、約30年にわたり「本当の自分＝真我」に目覚めることを伝え続けてきた。2014年、東京八重洲に心療内科・精神科の「ＹＳこころのクリニック」を開院、うつ病治療では90日以内の寛解率が90％以上という医療の常識をくつがえす成果を上げている。

研修指導の主要実績は、ＡＮＡ、明治安田生命、高校野球優勝校、プロボクシングチャンピオン、力士など幅広く、これまでグループ全体で約43万人の人生を劇的に好転させてきた実績がある。国会議員や上場企業の経営者などからの信頼も厚く、政財界に大きな影響を与えてきた。

主な著書に『満月の法則』（サンマーク出版）、『仕事で心が折れそうになったら読む本』（ＰＨＰ研究所）、『過去は自由に変えられる』（産経新聞出版）、『お金の不安が消える本』（ＫＡＤＯＫＡＷＡ）、『魔法の高次元手帳』（アイジーエー出版）などがある。著書は２５０冊以上（電子書籍含む）。

真我　第18巻　新成功哲学

2020年1月24日　第1版第1刷発行

著　者　佐藤康行
発行者　株式会社アイジーエー出版
〒103-0026　東京都中央区日本橋兜町11-7
ビーエム兜町ビル301号室
電話　03-5962-3745
FAX　03-5962-3748
ホームページ　http://www.igajapan.co.jp/
Eメール　info@igajapan.co.jp
印刷所　中央精版印刷株式会社

ISBN978-4-903546-43-8 C0010

＜お問合せ＞

真我に目覚めたい、人間関係、お金、夫婦関係などのご相談は

心の学校アイジーエー

HP http://www.shinga.com/　E-mail　info@shinga.com

【東京本部】

〒103-0026 東京都中央区日本橋兜町 11-7 ビーエム兜町ビル 301 号室

TEL 03-5962-3541（平日 10 ～ 18 時）FAX 03-5962-3748

【関西支部】

〒532-0011　大阪府大阪市淀川区西中島 5-14-10 新大阪トヨタビル 6F

TEL 06-6307-3022（平日 10 ～ 18 時）FAX 06-6307-3023

【名古屋支部】

〒460-0003　愛知県名古屋市中区錦二丁目 9 番 6 号　名和丸の内ビル 2 階

TEL 052-201-7830（平日 10 ～ 18 時）FAX 052-201-7833

うつ病、精神疾患等の心の病、引きこもり、不登校に関するご相談は

YS こころのクリニック（心療内科・精神科）

HP http://shingaclinic.com/　E-mail info@shingaclinic.com

〒103-0027 東京都中央区日本橋 3-2-6 岩上ビル 4F

TEL　03-5204-2239（10 ～ 18 時）　休診日／日曜・月曜

FAX　03-5204-2241